Minna Canth. Ausgewählte Werke

Band 4

Die Frau des Arbeiters

Herausgegeben von Nadine Erler

Minna Canth

Die Frau des Arbeiters

Drama in fünf Akten

VERLAG 28 EICHEN
BARNSTORF

Übersetzung aus dem Finnischen von
Nadine Erler
Originaltitel: Työmiehen vaimo (1885)

Die Deutsche Bibliothek verzeichnet diese Publikation
in der Deutschen Nationalbibliographie.
Detaillierte bibliographische Daten sind im Internet über
http://dnb.ddb.de abrufbar

ISBN 978-3-940597-13-7
© by Verlag 28 Eichen, Barnstorf 2008
Coverfotografik: © by Olaf R. Spittel 2008
unter Verwendung eines Fotos der Autorin um 1870

Personen

Risto, ein Arbeiter

Johanna, seine Frau

Helka, eine alte Zigeunerin

Kerttu, genannt *Lotterliese,* ihre Enkelin

Hagert, Helkas Sohn

Ilona, Hagerts Frau

Herman Gabriel und *Ilona,* ihre Kinder

Leena-Kaisa

Anna-Maija

Vappu, Marktfrau

Katri, Laura, Lotta und Liisa, Dienerinnen

Yrjö, Schmied

Toppo, Kustaa, Heikki und Janne, Arbeiter

Frau Vörsky

Herr Vörsky

Frau Hanhinen

1. Polizist

2. Polizist

Ein Mann, der Lieder vorträgt und Texte verkauft, Passanten,
    Herren, Eine Hochzeitsgesellschaft, Verkäufer und Kunden

Ort: die Stadt Kuopio

1. Akt

(Ristos und Johannas Hochzeitszimmer. Rechts die Tür zum Nebenzimmer, links ein Fenster. Hinten die Tür zur Diele. Es wird gerufen: „Heraus mit der Braut!“ Der Vorhang hebt sich. Johanna steht im Hochzeitskleid neben dem Fenster, Katri und Laura stehen weißgekleidet links und rechts neben ihr. Vappu steht vorne rechts. Hinten: Risto, Yrjö, Toppo, Kustaa, Heikki, Janne, Lotta, Liisa, Leena-Kaisa und Anna-Maija sowie andere Hochzeitsgäste. Durch das Fenster erschallen „Hoch soll sie leben“-Rufe.)

Risto. Was meinen Sie, Vappu? Wäre es nicht doch schön, an ihrer Stelle zu sein?

Vappu. An der Stelle der Braut?

Risto. Genau. Wenn man noch so verehrt wird. Folgen Sie Johannas Beispiel und nehmen Sie sich auch einen Mann.

Vappu. Ich lasse mich von ihr nicht aus der Ruhe bringen.

Risto. Aber warum nicht? Für Sie gibt es Bräutigame wie Sand am Meer. Was macht Ihnen Sorgen?

Vappu. Es sind viele Kurven auf der Strecke, viele Taugenichtse unterwegs.

Risto. Sie sind zu vorsichtig.

Vappu. Besser, man nimmt sich in acht.

(Die Hochrufe ertönen aufs neue. Johanna nickt erfreut.)

Johanna. Seht ihr das Mädchen dort, das auf der anderen Straßenseite auf den Zaun geklettert ist?

Katri. Die, die im Mondschein dasteht und so wild mit der Hand winkt? Ein Wunder, dass sie nicht kopfüber hinunterpurzelt.

Johanna. Ist das nicht die Lotterliese?

Katri. Tatsächlich. Sie ist es.

Laura. Eindeutig. Ich erkenne sie auch.

Lotta. Das soll die Lotterliese sein? Nie im Leben. Die Lotterliese ist seit einem halben Jahr nicht mehr in der Stadt gesehen worden, wo soll sie denn so plötzlich hergekommen sein?

Johanna. Das weiß ich nicht, aber sie ist es trotzdem. Geh bitte, Katri, sag ihr, sie soll hereinkommen.

Katri. Augenblick mal! Die Lotterliese hier drinnen? In den Lumpen, die sie wahrscheinlich anhat!

Johanna. Also, was macht das schon! Die Kleidung macht einen Menschen doch nicht schlechter.

Katri. Nun ja, vermutlich nicht.

(Sie geht zur Tür und spricht leise Heikki an, der dann hinausgeht. Es wird Tee gebracht.)

Laura. Du wirst es noch bereuen, dass du die Lotterliese hergeholt hast. Du wirst sehen, sie führt sich so unmöglich auf wie eh und je.

Johanna. Ach was! So boshaft ist die Lotterliese nicht, wenn man sie nur gut behandelt.

Risto. Ich möchte doch hören, was die ungebetenen Gäste da draußen über meine Braut sagen!

Yrjö. Man weiß auch so, daß sie Johanna loben.

Risto. Und mich beneiden sie. Ja, ja, Yrjö, du hättest sie wohl selbst gern! Schon seit vielen Jahren wird erzählt, daß du ein Auge auf Johanna geworfen hast, aber ich bin gekommen und habe dir das Mädchen mir nichts, dir nichts weggeschnappt.

Yrjö. Wozu reden wir davon? Sie hatte die Freiheit, zu nehmen, wen sie wollte. Ich sage dir im Ernst, Risto: Mit Johanna hast du einen Goldschatz bekommen.

Risto. Nun, du übertreibst nicht! Sie hat sechshundert Finnmark auf der Bank, ganz ungelogen, und Zinsen obendrein. Das kann ich euch zeigen! Ich verwalte auch schon Johannas Konto. Seht euch das an!

Kustaa. Sechshundert, tatsächlich. Wunderbar! Ich würde gern mit dir tauschen. Wenn ich doch auch so gut dran wäre! Hörst du, Toppo? Sechshundert Finnmark Mitgift hat dieser Glückspilz von seiner Frau bekommen. Könnten wir nicht auch heiraten?

Toppo. Zur Hölle! So viele reiche Mädchen gibt es doch

8

nicht, daß genug für alle Männer da wären. Die anderen müssen sich mit ärmeren zufriedengeben oder ledig bleiben. Und ich für meine Person bin lieber ohne Frau, so kann ich leben, wie ich will.

Kustaa. Sag das nicht. Wenn man auch nur eine arme Frau nimmt, so hat man doch immerhin eine, die einem die Hosen flickt, so daß man nicht mit Löchern an den Knien nach draußen gehen muß.

Risto. Ja, und was soll das heißen, daß ein Mann nicht leben kann, wie er will, wenn er sich eine Frau zulegt? Bietet den Weibern Paroli, Männer.

Kustaa. Trotzdem will ich lieber eine reiche haben. Pech nur, daß man die nicht einfach vom Regal nehmen kann, sie haben normalerweise viele Bewerber. Mit welchem Trick, Risto, hast du Johanna zum Nachgeben gebracht? Das wäre gut zu wissen.

Risto. Was gibst du mir dafür, daß ich es dir sage?

Toppo. Versprich nichts, Kustaa. Ich verrate dir den Trick umsonst.

Risto. Du? Na, dann laß mal hören.

Toppo. Was gibt es denn sonst, um die Mädchen ein bißchen an der Nase herumführen? Und das ist leicht getan, denn vom Lauf der Welt wissen die armen Weiber nicht viel.

Johanna. Und denkt daran, was ich gesagt habe. Die Lotterliese wird noch ein ordentlicher Mensch.

Laura. Dieser Wirrkopf? Niemals! Das ist eine Sache für sich. Wen die Arbeit nicht zur Vernunft bringt, bei dem wirkt auch nichts anderes. Einmal, als sie mir beim Kleiderwaschen geholfen hat, fing sie doch tatsächlich an, wie verrückt um das Eisloch zu tanzen! Stellt euch vor, als das Kleid schon bis zur Taille im Wasser war und steif gefroren um sie herumstand, flog sie noch und drehte sich wie eine Wahnsinnige. Ein solcher Mensch ist sie. Ganz bestimmt!

Liisa. Sag das nicht. Die Bäuerin Soininen aus Riistavesi hob die Lotterliese in den Himmel. Sie soll den ganzen Sommer dort gewesen sein und wie ein Pferd gearbeitet haben.

Johanna. Na so was!

Liisa. Aber sie haben sich einen Spaß mit dem armen Mädchen gemacht, vor allem die jungen Draufgänger. Die kennt man doch. Sie können sich keine Gemeinheit verkneifen.

Katri. Wenn sie ihnen Grund dazu gegeben hat?

Liisa. Unsinn. Sie war so gewissenhaft, dass sie kaum Zeit zum Essen hatte, denn seht ihr, sie will diesen Herbst heiraten. Hier in der Stadt hieß es, daß sie einen Verlobten habe.

Katri. Sicher hat jemand sie zum Narren gehalten.

Johanna. Keine Ahnung.

Katri. Wer würde sie schon nehmen?

Laura. Wo sie noch dazu Zigeunerin ist!

Liisa. Nicht unbedingt. Ihr Vater war schließlich ein Väänänen aus Tuusniemi.

Laura. Aber die Mutter kam aus einer Zigeunerfamilie und soll ein richtiges Miststück gewesen sein. Sie ist nicht bei ihrem Mann geblieben, sondern verschwunden und hat die Lotterliese mitgenommen, doch Väänänen ist ihr gefolgt und hat ihr das Kind weggenommen. Dann haben diese niederträchtigen Zigeuner ihn mit ihren Zaubertricks zum Trinker gemacht, so daß er in wenigen Jahren sein Haus und all seinen Besitz verloren hat. Am Alkohol ist er zuletzt auch gestorben.

Johanna. Und hat die Kinder schutzlos am Ende der Welt zurückgelassen. Arme Lotterliese! Vielleicht wäre es ihr bei ihrer Mutter besser ergangen.

Risto. Übertreibe nicht, Toppo. Ich werde meine Alte nie fürchten, wenn ich trinken will. O nein, nicht einmal dann!

Toppo. Na, na, das werden wir sehen. Was machst du denn, wenn deine Alte sagt: Das Geld gehört mir und wird nicht verschwendet, wie es dir passt!

Risto. Was ich dann mache? He, was für eine Frage! Wer verwaltet das Eigentum, der Mann oder die Frau? Kennst du das diesbezügliche finnische Gesetz, Brüderchen?

Toppo. Natürlich weiß ich, dass das finnische Gesetz dem Mann die Macht gibt, aber man sieht ja, daß die Weiber sich allemal zu wehren wissen.

Risto. Die allerschlimmsten haben eine Menge Tricks, aber Johanna ist doch nicht so.

10

Toppo summt spöttisch und stopft seine Pfeife.)

Risto. Jaja, lach du nur. Als ob ich Johanna nicht kennen
würde. Und bald bekommt ihr auch zu sehen, ob ich ein
echter Mann bin oder ob ich umsonst Hosen trage.

(Bei Johanna.)

Wo bleiben die Getränke?

Johanna. Katri, bitte beeil dich.

Risto. Sie sollen sich beeilen! Wo in aller Welt bleiben sie so
lange? Früher hätten sie den Männern etwas bieten müssen.

(Katri geht nach rechts.)

Johanna. Was meinst du, Risto? Ist der Anfang unseres
gemeinsamen Lebens nicht genau wie ein Sonnenauf-
gang im Frühling?

Risto. So kommt es dir vor? Herrgott, wie schön du heute
abend bist. Eine richtige Freude, dich anzusehen. Und
dieses Kleid ist prächtig wie das Kleid einer reichen
Braut. Ich kann es kaum erwarten, dich als die Meine zu
sehen, das sage ich dir.

Johanna. Wenn du nur zufrieden bist, ist alles andere unwich-
tig. Das bist du doch, Risto?

Risto. Ja, das ist sicher. Das fragst du noch. Ich bin doch ein
Glückspilz! Rate mal, wie viele heute abend an meiner
Stelle sein wollen. Das nagt bestimmt an den Herzen der
Jungen. Verdammt, wenn man ein so reiches und schö-
nes Mädchen bekommt, denkt man nur an sich selbst.

Johanna. Die anderen sind gleichgültig.

Risto. Und dann der Schmied! Glaub nur, er platzt vor Ärger,
obwohl er versucht, es zu verbergen. Nun, holen wir
endlich die Getränke.

(Katri stellt das Tablett auf den Tisch. Risto füllt die Gläser.)

Katri: Warum sind die Mädchen jetzt so fleißig? Heute abend
sollen alle fröhlich sein. Solche Feste gibt es nicht jeden
Tag.

Liisa. Wird hier getanzt werden, Johanna?

Johanna. Tanzen dürft ihr, soviel ihr wollt. Risto hat Janne
Hakala mit der Geige herbestellt.

Liisa. Das wird lustig. Mir juckt es schon in den Füßen vor
Freude aufs Tanzen. Soll ich euch zeigen, wie eine alte
Jungfer tanzt? Macht ein bißchen Platz.

(Singt halblaut und tanzt.) „Man bringt die alten Jungfern an
ihren Platz, auf den Blocksberg, denn eine Hexe darf
keinen Jungen heiraten …“

Laura. Bist du verrückt geworden? Alle schauen her!

Liisa (hört auf zu tanzen). Sollen sie schauen! Ist mir egal!

Johanna. Sag, Liisa: Wann soll man tanzen dürfen, wenn
nicht auf einer Hochzeit?

Liisa. Seht ihr, Janne nimmt sich schon die Geige vor. Jetzt
beginnt das Vergnügen. Und die Braut wird als erste auf
die Tanzfläche geführt. Du kannst heute abend glücklich
sein, Johanna.

Johanna. Ein solches Glück habe ich mir nie träumen lassen.
So einen Tag habe ich noch nicht erlebt.

Liisa. Menschenskind! Wann komme ich endlich an die
Reihe?

Johanna. Dann, Liisaschatz, wenn der Richtige erscheint, den
Gott dir zugedacht hat.

Liisa. Ja, wer weiß das schon. Vielleicht gibt es für mich gar
keinen.

Johanna. Den gibt es sicher. Für dich genau wie für andere.

Risto. Auf euer Wohl, liebe Gäste. Kommt nur zum Probieren.
Heute abend, Männer, dürft ihr trinken soviel ihr wollt.
Ich garantiere, daß das Angebot nicht mittendrin aus-
geht. So! Lasst uns jedes Fass bis auf den Boden austrin-
ken, damit ich es nicht allein mache. Jawohl! Wir kippen
gleich zwei auf einmal hinunter. Auf meiner Hochzeit
soll keiner darüber klagen, dass er zu wenig zu trinken
bekommen hat.

Katri. Wenn sie sich heute abend nur nicht allzu schlimm
betrinken!

Johanna. Gewiß nicht. Risto paßt schon auf.

Liisa. Und was macht das schon, wenn sie trotzdem ein bisschen trinken? Männer sind doch am lustigsten, wenn sie
etwas betrunken sind.

Vappu: Nimm das nicht zu leicht, Liisa. Habe erst mal einen
Trinker zum Mann, dann hast du von dieser Lustigkeit
schnell genug.

Laura. Aber es stimmt, dass die Männer heutzutage nicht sehr
munter sind, außer mit einer Flasche in der Hand.

Johanna. Das kann man nicht von allen sagen. In dieser Schar sind noch einige vernünftige. Nicht wahr, Vappu?

Risto. Nun sind die Gläser gefüllt. Greift zu, Männer. Trinkt, und zwar ordentlich. Trinkt, bis sich die Welt vor euren Augen dreht und es in den Ohren saust und dröhnt, schlimmer als in der Holzfabrik in Tampere! Dann wisst ihr, dass ihr auf Ristos Hochzeit getrunken habt.

Toppo. Gut gesagt. Schlechte Feste sind die, von denen die Männer nüchtern nach Hause kommen.

Risto. Und dann fangen wir an, Polka zu tanzen. Ist deine Geige schon gestimmt, Janne? Sieh zu, dass du den richtigen Ton zum Tanzen triffst! Nun, nun, auf geht's! Natürlich kann der Janne das. Beeilen wir uns, Männer. *(Wendet sich Johanna zu.)* „Flotte Weisen, lange Reisen. Du und ich und Liisa Sirkka, Paavo Punttu und Jussi Juortanen, Lassi Kapakka und Matti Mylläri...“

Johanna. Hör mal, Risto, ich muss dir ein paar Worte sagen.

Risto. Nur drei. Wir gehen am besten beiseite, damit die anderen es nicht hören. Also, was in aller Welt hast du jetzt?

Johanna. Hier wird es doch heute abend keinen Skandal geben? Ich fürchte es schon.

Risto. Einen Skandal! Also wirklich! Deswegen machst du dir Sorgen? Ganz unnötig. Was soll es hier für einen Skandal geben?

Johanna. Wenn die Männer zuviel trinken und einen Rausch bekommen.

Risto. Na wenn schon! Das passiert eben mal. So ist es auf derlei Festen. Das ist nicht so schlimm.

Johanna. Es würde uns die ganze Hochzeitsfreude verderben! Risto, Liebling, wenigstens du nimmst dich doch in acht?

Risto. Ich? *(Wendet sich ab.)* Darf ich auf meiner Hochzeit nicht ein bisschen was in der Krone haben? Weißt du, wer sich nie traut, etwas Stärkeres zu genießen, der ist kein Mann.

Johanna. Leise, leise, sprich nicht so laut. Du machst nur Spaß, Risto, du meinst nicht, was du sagst. Ich würde mir die Augen aus dem Kopf schämen, wenn du dich betrinken würdest.

Risto. Schau einer an! Es sieht aus, als ob – Hör, Johanna, vergiß nicht, was der Pfarrer uns gerade gesagt hat.

Johanna. Was denn?

Risto. Daß der Mann das Haupt der Frau ist.

Toppo. Der Mann ist das Haupt der Frau, so wie die Katze das Haupt der Maus ist.

Kustaa. Und die Maus quiekt umsonst, wenn die Katze sie in der Schnauze hat.

Risto. Wirklich, Kustaa, wirklich, ha, ha, ha. Die Maus quiekt umsonst, wenn die Katze sie in der Schnauze hat! Nun, Johanna, fangen wir an?

Johanna (legt ihre Hände in Ristos). Fangen wir an!

(Alle gehen zu ihren Plätzen und tanzen Polka. Der Tanz wird immer wilder, die Stimmung steigt. Dann geht die Tür auf, und Heikki zerrt die Lotterliese mit sich, die sich mit aller Kraft wehrt. Der Tanz bricht ab, jeder bleibt auf seinem Platz stehen.)

Lotterliese: Ich will nicht hierher, hörst du, ich will nicht! Laß mich los, du heidnisches Mondgesicht, oder ich beiße dir den Finger ab!

Risto. Kerttu! *(Tritt beiseite.)* Was um Himmels willen soll das jetzt werden?

Heikki. Benimm dich gefälligst! Herrgott, sie tobt wie eine Wahnsinnige. Sieh mal einer an, was für scharfe Krallen sie hat! Ein Teufelsweib!

Lotterliese. Lässt du mich in Ruhe?

Heikki: Wehr dich nicht vergeblich, mit dir werden wir schon fertig. Es helfen nicht einmal die Bruderherzen! Kustaa, nimm die andere Hand.

Johanna. Nein, nein, tut ihr keine Gewalt an.

Kustaa. Es würde doch nicht mit rechten Dingen zugehen, wenn zwei Männer nicht mit dieser Göre fertig würden! *(Schleudern sie mit einem Ruck in die Mitte der Tanzfläche.)* So! Solche Sprünge mache ich, sagte Vallas, als er mit dem Kopf gegen die Diele stieß.

Toppo. Was ist das für ein Trampel?

(Alle lachen und tuscheln; die Mädchen gehen flüsternd nach links.
Die Lotterliese steht steif da, die Hände zu Fäusten geballt, und schaut mit scharfem Blick in die Runde.)

Johanna: Willkommen, Kerttu!

Kustaa. Hörst du nicht, Lotterliese, die Braut spricht mit dir.

Lotterliese. Ich heiße Kerttu.

Johanna. Willkommen auf unserer Hochzeit, Kerttu!

Lotterliese. Ihr habt mich zum Spaß hergeholt? *(Die Hände verschränkt.)* Gut! Hier bin ich nun. Tut euer Bestes. Versucht, ob ihr mehr aus mir herausbekommt als die Axt aus dem Stein.

Toppo. Wer ist dieser Satansbraten von einem Mädchen, das die Zähne fletscht und mit den Augen rollt?

Kustaa. Hast du die Lotterliese noch nie gesehen? Normalerweise kennt die ganze Welt sie.

Lotterliese. Genau die gleiche, die ihr in eurem Kochtopf gekocht und zwischen euren Zähnen zerkaut habt. Hat euch euer Handeln viel gebracht? Im Gegenteil! Eure Herzen wurden mit Sünden gefüllt, aber für die habt ihr schon im Voraus Vergebung bekommen.

Toppo. Oh, verdammt, sie spuckt Gift und Galle. Wer traut sich überhaupt, sich ihr zu nähern, wenn aus ihrem Mund Feuer sprüht und unter ihrer Zunge Funken hervorstieben?

Johanna. Verschwinde, Toppo! Niemand darf Kerttu ärgern, sie ist ein geladener Gast, wie alle anderen auch. Möchtest du vielleicht zu den anderen Mädchen, Kerttu?

Lotterliese. Nein.

Johanna. Ich verspreche, dass sie dich gut behandeln, wenn du in deinem eigenen Interesse freundlich zu ihnen bist.

Lotterliese. Eher verbeuge ich mich vor den Fichten als vor unehrenhaften Leuten, eher vor den Erlen, als vor Teufeln.

Laura. Diese Unverschämte!

Katri. Wie kann sie es wagen!

Kustaa: Wollen wir uns das Mädchen nicht einfach schnappen und es auf demselben Weg wieder wegschaffen?

Heikki. Und mit demselben Seil, mit dem wir sie hergezerrt haben.

Johanna. Still! Man darf nicht ihre Seele verbittern. Ihr hört doch, sie ist ja schon verbittert. Kerttu, darf ich dir ein Glas Wein anbieten?

Lotterliese. Ich pfeife darauf!

Toppo. Teufel auch! Sie ist gar nicht hässlich, wenn ich genauer hinsehe. Der Hals ist wie der Stengel vom Heidekraut, die Lippen wie Waldhonig und die Wangen wie zwei Preiselbeeren. Es fehlt nicht viel, und ich verliebe mich noch in sie.

Lotterliese: Komm nur näher, dann kratze ich dir die Augen aus.

Toppo: Nun, nun, nicht doch. Es darf doch selbst der Bettler den König anschauen.

Lotterliese. Haust du wohl ab, du Hund!

Toppo (schreckt zurück). Nein, bei meinem Schöpfer.

Lotterliese (wieder kalt und ruhig). Sicher hat der Schöpfer mich geschaffen, aber die Sünde hat mich geboren.

Johanna. Kümmere dich nicht um sie, Kerttu. Sie dürfen dir nichts tun, solange du unter meinem Schutz stehst.

Lotterliese. Unter deinem Schutz? Bin ich etwa so schwächlich, dass ich Schutz brauche? Geh mir vom Leib! Dich hasse ich noch mehr als die anderen.

Johanna. Armes Mädchen! Was hat dein junges Herz so hart gemacht?

Lotterliese. Frag die Lästermäuler des Dorfes. Und frag vor allem deinen eigenen elenden Bräutigam, der sich hinter den anderen versteckt und sich nicht traut, mir unter die Augen zu kommen.

Johanna. Du darfst nicht auf Risto schimpfen. Er hat dir nichts Böses getan.

Lotterliese. Von wegen!

Johanna. Tritt vor, Risto. Lass sie nicht mit üblen Beschuldigungen deine Ehre kränken.

(Risto kommt gemächlich hervor.)

Johanna. Da siehst du, Lotterliese, ob er sich traut.

Lotterliese (schaut Risto einen Moment wortlos an und beginnt dann mit zornbebender Stimme zu sprechen). Du hast deinen jämmerlichen Eid gebrochen und deine Ehre aufgefressen wie ein Hund.

Risto. Sie lügt, hi, hi, hi. Oh, verflucht, wie sie lügen kann.

Johanna. Und du lachst nur, Risto.

Lotterliese (tritt näher an Risto heran, die Hand ausgestreckt). Ich lüge? Schau mir direkt in die Augen und sag das noch einmal, wenn du kannst.

Johanna. Das kannst du doch, Risto!

Risto (lacht ein bisschen verlegen, wendet sich ab und sagt halblaut zu den Männern). Soll sie hingehen, wo der Pfeffer wächst.

Johanna (unterdrückt den aufkommenden Schmerz). Tu, was sie verlangt, Risto. Ich weiß, dass du es kannst.

(Einen Moment Stille.)

Johanna. Sieh ihr in die Augen, Risto. Du bist doch schließlich frei von Schuld.

Lotterliese. Dreh dich um, wenn du dich traust, du Elender.

Johanna. Auf diese Weise läßt du dich schmähen, wenn es alle hören! Wäre ich doch ein Mann, ich würde ihr schon das Maul stopfen. Mit so einer hätte ich kein Mitleid.

Lotterliese. Du fährst schon deine Krallen aus, du barmherzige Samariterin? Großartig! Genau das wollte ich auch. Geht ruhig alle auf mich los, ich fürchte euch nicht. Ich schreie dann, daß es euch in den Ohren widerhallt: Risto ist ein Wortbrüchiger, ein Meineidiger, ein ehrloser Halunke, der schlimmste Betrüger unter der Sonne.

Johanna. Großer Gott, verteidigst du dich nicht, Risto? Verbiete es ihr zum letzten Mal, bring diese Schlange zum Schweigen, die ihr Gift unter uns verspritzt!

Lotterliese: Verbieten? Zum Schweigen bringen? Mich? Oho! Unter einem Stein ist der, der mir etwas verbietet, unter der Erde der, der mich einschüchtert.

Risto. Was brabbelst du für einen Unsinn, Kerttu. Man macht alle alten Fehler wieder gut, man bügelt alles wieder aus. Und dann tanzen wir Polka, das ist besser als unnütze Streiterei. Ich fülle dich noch mit Wein ab, Kerttu, komm trinken.

Lotterliese. Zwecklos! Mit Wein willst du deine Sündenschuld begleichen?

Risto. War das nun eine große Sünde? Kantänka[1], sagte der Schwede. Ab und zu verführt eben ein junger Mann ein schönes Mädchen, und noch dazu eine so billige Frau, wie du eine bist, Kerttu, ohne daß er ernste Absichten hat. Trinken wir, Männer?

---

1   Schwed. Kan tänka = Das kann man sich denken.

Lotterliese (außer sich). Bleib stehen! *(Mit zitternder Stimme).* Ich habe noch ein Wort zu sagen, danach trink nur. Du hast Liebe vorgetäuscht, weil der Betrug in deiner Seele wohnte, durch dein Handeln hast du mein Verderben verschuldet. Nun mußt du auch deinen verdienten Lohn bekommen. *(Nimmt den Ring von ihrer Brust und wirft ihn Risto entgegen.)* Zusammen mit diesem Verlobungsring werfe ich gleichzeitig das zärtliche Gefühl aus meinem Herzen. Von diesem Augenblick an sollen Haß und Rachsucht an dir kleben. Mein Fluch verfolgt dich bis zum Tod, er reicht auch noch bis ins Grab. Er drückt wie ein Felsen auf deine Schultern, er bohrt sich in deine Brust wie ein Wurm, Tag und Nacht erinnert er dich daran, wessen Glück und Leben du zerstört hast.

Johanna: Hilfe – ich werde ohnmächtig.

Yrjö (führt sie zu einem Stuhl). Wasser, bringt Wasser.

Vappu (bringt Johanna Wasser und reibt ihr die Schläfen.)

Lotterliese: Schon jetzt welkt diese Lieblingsblume dahin? Schon verdorrt die Strahlendste der Kirchengemeinde und die Schönste des Landes? Die Zeit ist doch noch nicht gekommen. Genieße erst dein Glück, daß du auf dem Unglück einer anderen aufgebaut hast, genieß die Freude und die Begeisterung der Liebe solange du kannst. Währenddessen schleiche ich um die Hütte eures Glücks herum und schreie wie ein Käuzchen: Rache, Rache, Rache! *(Steht auf.)*

Vappu. Wie geht es dir, Johanna?

Yrjö. Sehr schlecht, fürchte ich.

Johanna. Hoffentlich geht es vorbei. – Bleibt ihr beide bei mir.

Toppo. Aber, wahrhaftig, dieses Mädchen hat Pfeffer in sich. Echten feurigen türkischen Pfeffer. Oh, was für ein Unglückstag! Risto stand vor ihr wie ein armer Sünder und hat kein Wort herausgebracht.

Kustaa. Und wir anderen erst! Verdammt, ich habe mich ewig nicht mehr so geniert wie gerade eben.

Laura. Da sehen wir es. Es ist gegangen, wie ich gesagt habe.

Katri. Mußte Johanna sie auch unbedingt herholen! Sie weiß doch von früher her sehr gut, daß die Lotterliese sich nicht wie ein Mensch benehmen kann!

Risto. Uh, uh, wahrhaftig. Dieses Schwindelgefühl verläßt den
Körper nur durch Wein wieder. *(Füllt die Gläser).* Was
suchst du da, Toppo?

Toppo. Ich schaue nach, wo der Ring gelandet ist, den diese
schwierige Zeitgenossin auf den Boden geworfen hat.

Risto. Laß nur gut sein, Bruderherz, das lohnt sich nicht.
Es war nur so ein Kupferring, wertlos und billig,
wenn diese Närrin ihn auch auf der Brust trug. Komm
jetzt und nimm dir etwas zu trinken. Zum Wohl, Männer!

*(Drei harte Schläge gegen die Wand ertönen. Alle zucken
zusammen, besonders die Frauen.)*

Die Frauen. Herr im Himmel, was war das?

Leena-Kaisa. Jemand aus dem Jenseits hat an die Wand
geschlagen!

Anna-Maija. Als brächte er das Ende der Welt mit sich.

Toppo (schaut aus dem Fenster). Aber nein! Die Lotterliese
schlägt nur gegen die Wand, und nun ballt sie die Fäuste
und hüpft wie eine Wilde.

Risto: Nach draußen, Männer! Laßt uns die Verhexte festneh-
men und auf die Polizeiwache bringen.

Johanna. Nein, laßt sie in Ruhe.

Risto. Nichts da! Ab in die Zelle mit dem Mädchen, und zwar
schnell!

Toppo. Zu spät! Sie läuft weg, so daß man sie nicht mehr zu
fassen bekommt. Da hinten stürmt sie schon davon, daß
von dem ganzen Mädchen nicht mehr zu sehen ist als
das Kleid, das im Wind flattert.

Risto. Na, dann lassen wir's. Aber gnade ihr Gott, wenn sie
noch einmal auf meinen Grund und Boden kommt.

Liisa. So ein Biest. Sie hat unsere ganze Freude verdorben.
Mal sehen, ob die Stimmung hier noch besser wird!

Laura. Kaum, wenn die Braut so elend aussieht.

Lotta. Was für eine Hochzeit! Wirklich wahr. Hat es sich
überhaupt gelohnt, dafür Blumen als Brustschmuck zu
kaufen?

Katri. Und eine Vertretung kommen zu lassen, denn sonst
hätte die Frau es nicht erlaubt.

Vappu. Ist dir jetzt leichter zumute, Johanna?

Yrjö. Vielleicht wollen Sie noch etwas Wasser?

Johanna. Ich brauche nichts mehr. Wenn ich es nur schaffe, von hier wegzukommen.

Risto. Johanna hat sich offenbar zu Tode erschreckt. Mach dir keine Gedanken über die Sache, hörst du? Nein, seht nur, wie kindisch sie ist. Sie weint ja!

Vappu. Ist das ein Wunder? Gehen Sie in sich! Es kann nicht sehr angenehm sein, ausgerechnet am Abend der Hochzeit solche Dinge über den Bräutigam zu hören.

Risto. Was denn?

Vappu. Seine Betrügereien.

Risto. Betrügereien! Was ich mir alles anhören muß. Betrügereien, da hört doch alles auf! Sie sind wirklich komisch. Ist es denn Betrug, ein Mädchen ein bißchen zum Narren zu halten? So etwas passiert eben.

Toppo. Die Frauen sind zu Närrinnen der Männer geschaffen, einen anderen Posten haben sie nicht.

Risto. Genau. Und was ist schon schlimm daran, wenn ein junger Mann schöne Mädchen mag? Er kann ja nicht alle heiraten, das ist eben so.

Vappu. Aber so wie ich es verstanden habe, waren Sie mit dem Mädchen verlobt. Warum haben Sie sie verlassen?

Risto. Warum, warum! Was für eine Frage. Natürlich, weil ich eine bessere bekommen habe. Johanna ist wirklich eine andere als Kerttu, die als armes Mädchen nicht einmal ein ordentliches Kleid hat, geschweige denn Geld auf der Bank wie sie hier. Da habe ich natürlich lieber dich genommen, Johanna, du trägst es mir doch nicht nach, nicht wahr? He, he, he.

Johanna (steht auf). Ich muß weg – nur weg. Helft mir, Mädchen, nehmt mir den Schmuck ab.

Risto. Was ist jetzt los? Wo willst du hin? Mittendrin! Sag es, meine Liebe.

Johanna. Ich weiß nicht, wenn ich nur weg komme! Das wird sich finden. Ich spüre nämlich, daß wir beide nicht zusammenpassen.

Risto. Herr im Himmel, hat sie den Verstand verloren?

Katri: Was denkst du dir, Johanna? Du machst dich noch zum Gespött der Leute.

Laura. Gerade frisch verheiratet und sich nun schon vom Mann trennen wollen! So etwas hat man noch nicht gehört.

20

Lotta. Noch dazu aus so einem Grund! Wegen einer verrückten Schlampe. Genau das ist sie, kein Mensch nimmt die Lotterliese für voll.

Johanna. Wie fest ihr die Nadeln hineingesteckt habt. Ich bekomme sie kaum heraus. *(Reißt sich die Brautkrone und den Schleier vom Kopf.)*

(Leena-Kaisa und Anna-Maija treten vor und postieren sich beiderseits von Johanna.)

Leena-Kaisa. Seht nur, wie ein böser Geist den Menschen verhext, wenn er ihn erst einmal zu fassen bekommen hat.

Johanna. Ein böser Geist? Mich?

Risto. Gewiß doch. Das sind die Streiche eines bösen Geistes, sonst nichts. Nichts Ernstes.

Vappu. Sei es, was es wolle, aber an Johannas Stelle hätte ich genau das gleiche getan.

Laura. Noch so eine! Sie übertrifft noch diese Verrückte.

Katri. Was erwartest du von Vappu? Sie ist nicht wie andere. Denkt immer anders über alle Sachen.

Leena-Kaisa. Vappu ist ein Kind der Welt. Hör nicht auf sie.

Vappu. Aber denkt ein wenig daran, liebe Leute: Wie soll sie mit so einem Mann zusammenleben, dem sie nicht vertrauen kann? Schlichtweg unmöglich. Lieber würde ich ins Wasser gehen.

Johanna. So ist es. Lieber ins Wasser gehen oder Schweine hüten. Haltet mich nicht auf, sondern laßt mich gehen.

Anna-Maija. Du Unglückselige, so schnell hast du dein heiliges Eheversprechen vergessen?

Johanna. Mein Eheversprechen? *(Senkt den Kopf.)*

Leena-Kaisa. Demzufolge du dem Willen deines Mannes unterworfen bist. Demzufolge du ihn als deinen Mann und deinen Herrn ehrst.

Anna-Maija. Waren wir nicht alle Zeugen, als du Risto übergeben wurdest, um dein Leben lang mit ihm verbunden zu sein?

Leena-Kaisa. Und um dich in allem so zu verhalten, wie es deinem Mann gefällt.

Risto. „Wie es deinem Mann gefällt." Das waren die Worte des Pfarrers.

Anna-Maija. Trotzdem bist du schon bei der ersten Enttäu-

schung bereit, ihn zu verlassen, für den du geschaffen
bist –

Risto. „Denn die Frau ist um des Mannes willen geschaffen,
und nicht der Mann um der Frau willen." Das hat auch
der Pfarrer aus dem Gesangbuch vorgelesen.

Anna-Maija. – du bist bereit, ihn zu verlassen, um dessen willen du geschaffen bist, um den Lockungen eines bösen
Geistes und deiner eigenen weltlichen Einstellung zu
folgen. Oh, der Abgrund der Verdammnis, an dessen
Rand du, armer Mensch, stehst!

Johanna. Ihr mögt Recht haben. Ich habe nicht daran gedacht.
Gütiger Gott, was mache ich jetzt?

Leena-Kaisa. Bitte deinen Mann um Verzeihung und bitte
ihn, deine Schwäche zu erdulden, im Gedanken daran,
daß er mit einem stärkeren Charakter und größerer
Klugheit ausgestattet ist.

Risto. Natürlich – natürlich denke ich daran. Und daran, daß
ich mir meine Ehefrau gefügig machen muß. All das
wird im Ehegelübde gesagt. Und ich hege auch keinen
unnützen Groll, sondern bin bereit, Johanna zu verzeihen.

Laura. Hört nur, wie großherzig er ist. Kein böses Wort über
all das hier.

Katri. Das hätten nicht viele Männer an Ristos Stelle getan.
Johanna muß für ihr Glück dankbar sein.

Vappu. Geh schon, Johanna. Du kannst fürs erste bei mir
wohnen.

Johanna: Ich kann mich nicht von meinem Mann trennen. Es
wäre doch eine große Sünde.

Vappu. Unsinn! Eine Sünde? Einen Irrtum zu korrigieren, den
du erkannt hast? Ich kann das nicht hören!

Johanna. Du vergißt, daß der Pfarrer uns miteinander getraut
hat.

Vappu: Egal, was er getan hat.

Laura: Gott bewahre, was für eine Heidin sie ist! *(Draußen
wird gerufen: „Heraus mit der Braut!")*

Katri. Ach herrje! Jetzt wollen sie wieder die Braut draußen
haben, und ihr Kleid ist so in Unordnung.

Lotta. Setz dich auf diesen Stuhl, Johanna, dann bringen wir
alles schnell wieder in Ordnung.

22

Katri. Wie sie drohen! Wartet doch einen Moment und seid still. Natürlich bekommt ihr uns gleich zu sehen. Nun – vielleicht reicht es schon. Dann ist es eben etwas durcheinander. Wir gehen schon.

(Sie gehen zum Fenster. Hochrufe ertönen. Risto trinkt und bietet den Männern etwas an.)

Vappu. So hat man früher den Opferlämmern des Alten Testaments zugerufen, wenn man sie zur Schlachtbank führte. Was denken Sie, Leena-Kaisa?

Leena-Kaisa. Darüber weiß ich nichts. Aber warum?

Vappu. Ich frage nur so.

Leena-Kaisa: Du scheinst neunmalklug zu sein. So ein Gerede ist übrigens höchst unpassend für einen Hochzeitsgast.

Vappu. Ich verschwinde von hier. Leb wohl, Johanna!

Johanna. Jetzt schon? Bleib noch einen Moment, Vappu.

Vappu. Nein, vielen Dank. Von Hochzeitsfreude habe ich für dieses Mal genug. Lebt alle wohl. *(Geht.)*

Risto. Was hat sie für eine höllische Eile. „Von der Hochzeitsfreude habe ich genug!" Wo die doch jetzt, wie wir wissen, erst anfängt. Stimm eine Polka an, Janne, dann gehen wir zum Tanzen.

Katri. Das ist ein vernünftiges Wort! Tanzen müssen wir, damit die Braut rote Wangen bekommt. Seht ihr, wie blaß sie ist?

Johanna. Laßt das Tanzen heute abend, es geht nicht mehr.

Risto: Was steht im Weg? Jetzt geht es erst recht, da ein paar Gläser hinuntergekippt sind. Nimm dir Johanna als Tanzpartnerin, Toppo, ich tanze fröhlich mit Liisa. *(Wendet sich ab.)* „Das Mädchen hübsch und zierlich, der Junge stattlich und schön, das Mädchen tanzt anmutig, der Junge stampft kräftig." – Nicht wahr, Liisa?

Toppo (verbeugt sich vor Johanna). Darf ich bitten.

Johanna. Ich sitze lieber hier und schaue zu.

Risto. Was soll das jetzt wieder?

Johanna. Ich kann nicht mehr, Risto. Ich bin so müde, fast als hätte ich Fieber. Ich falle bestimmt um, wenn ich auf die Tanzfläche gehe.

Risto. Ach was. Komm raus aus der Ecke. Natürlich mußt du tanzen, das ist doch klar.

Toppo: Also, Johanna! Beiß die Zähne zusammen, gib dir

einen Ruck und komm mit uns und schwing die Hufe.

Risto. Mach schon, mach schon, Johanna. Wirklich! Und ihr anderen später auch. Trödelt nicht so, auf diese Art fangen wir nie an!

(Janne spielt, alle nehmen ihre Plätze ein.)

Anna-Maija. Zum Glück haben wir Johanna zur Vernunft gebracht.

Leena-Kaisa. Gott sei Dank, daß alles so gut abgelaufen ist. Ich hatte schon Angst davor, was dabei herauskommt.

(Die Polka beginnt. Vorhang.)

2. Akt

(Marktplatz. Hinten links einige Stände und Tische, voll mit Waren aller Art. Rechts Jungen, Rucksäcke auf den Schultern, die einen Ball werfen. Händler und Kunden. Hinten singt der Liederverkäufer und verkauft nebenbei Bögen mit Liedern an die Umstehenden, in deren Reihe auch Liisa zu sehen ist. Auf der linken Seite kaufen Katri und Laura Kohlköpfe. An einem Stand im Vordergrund verkauft Vappu.)

Liederverkäufer.

> Es sitzen in einem wunderbaren kühlen Hain
> Nun Akseli und Hilda, seine Braut.
> In der schönen Sommernacht
> Sprachen sie von ihrer Liebe
> Im Gedenken an ihr früheres Glück.
>
> Und traurig und schön
> War diese Nacht für Hilda
> Sie liebte ihren Schatz
> Und lehnte sich an seine Brust.
> In ihrer Trauer sang sie
> Und seufzte bekümmert:
> Lebt wohl, ihr schönen Haine,
> Leb wohl, mein Liebster!

Johanna (kommt von rechts, bleibt unsicher stehen, sieht das Bündel Geld in ihrer Hand an, die Reihe der Verkäufer, abgewandt). Eine einzige Finnmark! Und kein Penni mehr. Und man weiß nicht, was als nächstes kommt. *(Schaut einen Moment stumm auf das Geld.)* Was mache ich nun damit? Kaufe ich Milch für das Kind oder Brot für uns alle?

(Katri und Laura kommen ihr entgegen. Liisa bemerkt sie und eilt mit dem Liederbogen in der Hand und dem Korb über dem Arm zu ihnen.)

Liisa. Nun, Johanna lebt also noch! Grüß dich, grüß dich! Es sind schon Ewigkeiten vergangen, seit wir uns das letzte Mal gesehen haben.

Laura. Du hast dich aber schrecklich verändert. Und es ist erst ein Jahr vergangen, seit wir deine Hochzeit gefeiert haben. Man würde dich nicht mehr als den gleichen Menschen erkennen.

Johanna. Ich lag lange Zeit krank darnieder, und dann war wiederum mein kleiner Sohn krank. Wenn man jede Nacht an seiner Wiege wachen muß, dann wird das Gesicht natürlich blaß.

Liisa. Ach so, ach so, du hast schon einen Sohn. Das habe ich nicht gewußt. Nein, nie im Leben! Wie alt ist er denn? Drei Monate, sagst du? Und wem sieht er ähnlich? Schlägt er der Mutter nach oder dem Vater? Ich komme demnächst, um ihn anzuschauen. Also, du hast einen Sohn!

Johanna. Er ist so zart und kränklich, das arme Kind. Hoffentlich macht der Herr ihn bald gesund.

Katri. Das wäre kein Wunder. Kränkliche Kinder werden oft ganz gesund, wenn man sie nur pflegt. Unser Iigori war als Kleinkind auch so dünn und schwach, daß aus ihm nichts zu werden versprach. Aber als dann die Frau anfing, den Jungen mit Eiern und frisch gehacktem Rindfleisch zu füttern, da fing er sofort an zu wachsen und vor unseren Augen dick zu werden. Wenn ihr nur sehen könntet, wie frisch und gesund er jetzt ist. Die Wangen sind so rot und rund, daß es eine Freude ist, sie anzusehen.

Laura. Unsere Eveliina wird mit Malzkuren behandelt. Wir haben ihr eine ganze Packung Malz gegeben. Versuch das auch, Johanna, es ist ein Wundermittel.

Johanna (lächelnd). Eier, Fleisch, Malz! Man merkt, daß ihr bei Herrschaften dient. So etwas kann sich nicht jeder leisten.

Laura. Du lieber Himmel! Zwei gesunde junge Menschen und

ein einziges Kind. Das müßte doch zu schaffen sein. Dieses Malzextrakt kostet außerdem nicht die Welt. Aber du bist so knauserig, Johanna, das ist alles.

Laura. Du hattest doch eigenes Geld auf der Bank, kauf es davon.

Katri. Ja, wirklich. Wer eigenes Geld hat, braucht seinen Mann nicht zu bitten und kann selbst etwas kaufen. Wer hätte früher gedacht, daß du so geizig werden würdest.

Liisa. Was hast du, Johanna? Bist du krank?

Johanna. Nein – ich bin nicht krank. Manchmal tut mir das Herz weh.

Katri. O je! Du siehst sehr schlecht aus. Kannst du allein gehen, oder soll ich dich stützen? Fällst du?

Johanna. Nein, laß mich. Es geht schon vorbei. Lebt wohl für dieses Mal, Mädchen. Leb wohl, Liisa! Komm vorbei, um meinen Sohn anzuschauen, wenn dir danach ist.

Liisa: Leb wohl, leb wohl. Natürlich komme ich. Hör, Johanna, darf ich noch etwas fragen? Wie findest du es nun, mit einem Mann zusammenzuleben? Ist es nicht schön?

Johanna. Frag nicht nach allem. Das erfährst du selbst noch früh genug, armes Kind. *(Geht ein Stückchen nach links, bleibt stehen und spricht, abgewandt).* Eigenes Geld auf der Bank! Eigenes Geld? Ja, ich habe es doch in zehn Jahren Dienst ehrlich verdient. Aber, guter Gott, war es denn mein eigenes? *(Geht zu Vappu.)*

Katri (schaut Johanna nach). Was quält diese Ehefrau? Sie ist nicht richtig beieinander, denk an meine Worte.

Laura. Wer kennt sie schon? Ich kann die Person überhaupt nicht mehr leiden, seit sie sich auf der Hochzeit so dumm benommen hat. Wolltet ihr noch bleiben? Ich muß jedenfalls gehen.

Katri. Ich auch. Es ist nicht gut zu trödeln, wenn man bei anderen in Lohn und Brot steht.

Liisa (schaut in ihren Korb). Du meine Güte! Ich habe auch noch nicht bekommen, was ich brauche. Die Frau hat schon vor Wut gekocht, als ich aus dem Haus gegangen bin.

(Liisa geht nach hinten, um Einkäufe zu machen, Laura und Katri nach rechts.)

Vappu. Wie ich schon sagte, liebe Johanna, es lohnt sich nicht, Brot unter zwölf Pfennig zu verkaufen, wenn Mehl so teuer ist. Aber wenn du ein ganzes Brot kaufst, bekommst du sie ein bißchen billiger.

(Risto und Toppo erscheinen.)

Johanna. Ich kann nicht. Ich habe dieses Mal kein Geld, bis auf eine Finnmark, und muß etwas für das Kind kaufen.

Vappu. Da kommt dein Mann, vielleicht bekommst du von ihm noch etwas.

Johanna (fährt zusammen, verbirgt die Hand unter der Schürze und weicht aus an den Rand).

Risto. So, was machen wir nun, Toppo? An so einem harten Morgen müßte man einen Schluck bekommen, und kein Geld! *(Krempelt seine Tasche um.)* Kein Pfennig! Die eine Tasche leer, und in der anderen auch nichts. Sag, Bruderherz, was nun?

Toppo. Siehst du deine Frau?

Risto. Johanna? Ist sie hier? Tatsächlich, die Alte ist nicht mit leeren Händen auf den Markt gekommen.

Toppo (summt). „He, hau ruck, stehen Sie auf, zahlen Sie schon.“ Die Frau hat Geld, der Mann nicht. Weißt du noch, was ich dir auf deiner Hochzeit sagte? „Das Geld gehört mir, das verschwendest du nicht, wie es dir paßt.“ Hat sich das bewahrheitet?

Risto. Nein, hat es nicht, sei dir da sicher! Von wegen „Das Geld gehört mir“! Oho, wirklich! Glaub nicht, liebe Seele, daß bei uns die Welt auf den Kopf gestellt wird. Johanna fragt mich immer um Rat, und jeder Pfennig, den sie nimmt, gehört mir, so wollen es das Gesetz und die Sitten.

Toppo. Aber deine Alte – ist sie nicht anderer Meinung?

Risto. Gegen Recht und Gesetz in diesem Land? Nein Nichts dergleichen. „Leb nach Art des Landes, oder raus mit dir aus dem Land.“ Siehst du, wie sie mich fürchtet? Sie versteckt sich und ergreift die Flucht wie ein Dieb, ein Beweis dafür, daß sie Geld hat. Gedulde dich ein wenig, Toppo, gleich kriegen wir von ihrem Geld einen Schnaps. *(Eilt zu Johanna.)*

Toppo. Mal sehen, ob das klappt. An Stelle der Frau würde ich nicht –

Risto. Johanna, warte, geh nicht. Hör mal, hast du etwas
Geld?

Johanna. Warum?

Risto. Ich brauche etwas. Gib her, mach keine Zicken, ich
sehe es in deinen Augen, daß du etwas hast.

Johanna. Nur eine Finnmark, die ich vor einer Ewigkeit als
Gehalt für zwei Paar gewebte Socken bekommen habe.
Ich kann es dir nicht geben, Risto. Ich muß Essen davon
kaufen, denn unser Kind weint zu Hause vor Hunger.

Risto. Du widersprichst schon wieder, obwohl du weißt, daß
es nichts nützt. Gib jetzt schön das Geld her, dann
kommst du leicht davon. Du verdienst schon wieder
etwas, wenn du Essen für das Kind brauchst.

Johanna. Drei Tage und Nächte habe ich damit verbracht, die
Socken zu weben. Bevor ich eine zweite Finnmark verdient habe, ist das Kind vor Hunger gestorben. Und ich
schaffe es auch nicht zu arbeiten, wenn ich kein Brot
bekomme. Tagelang habe ich nur von Salzwasser und
Kartoffeln gelebt. Derweil saugt das Kind noch an der
leeren Brust, ist es da ein Wunder, daß mir die Kräfte
schwinden. Ich halte kaum mehr durch.

Risto. Du traust dich noch zu jammern! Es ist doch deine
eigene Schuld. Wärest du zum Schmied gegangen, um
etwas zu leihen, wie ich dir gesagt habe. Er würde dir
nie etwas abschlagen.

Johanna. Ich kann doch keine Schulden machen, wenn ich
weiß, daß ich sie nie bezahlen kann. Ich versuche dann
eher, mit anderen Mitteln etwas zu beschaffen oder ohne
auszukommen.

Risto. Mach was du willst, aber beklag dich nicht, wenn du
Mangel leidest. Nun rück schon ein Scherflein raus.
Toppo lacht schon da hinten, wenn ich dich so lange bit-
ten muß.

Johanna. Ich gebe dir nichts von meinem Geld, und damit
basta. Wie rücksichtslos du es von mir forderst! Nicht
genug damit, daß du all meine frühere Habe vertrunken
und verschwendet hast, du mußt mir auch noch jeden
Penni von meinem kleinen Verdienst rauben. Du hast
kein Gewissen, kein Stückchen! Ist es in Ordnung, daß
ein Mann sich überhaupt nicht mehr um Arbeit küm-

mert, sondern trinkt und alle Tage feiert, so daß er alles verpraßt, was die Ehefrau angespart hat. Denk ein wenig daran, was auf uns zukommt. Jetzt sind wir schon so gut wie auf der Straße, und es ist noch kein Jahr vergangen, seit wir zusammengezogen sind. Wir landen am Bettelstab, es hilft nichts.

Risto: Willst du wohl aufhören zu schreien – vor allen Leuten. Fängst auf dem Marktplatz an zu lärmen wie eine Irre. Schämst du dich nicht? Die Leute sehen dich an wie eine Verrückte.

Johanna (weinend). Was kann ich dafür, wenn ich so unglücklich in eine solche Lage geraten bin. Meinetwegen würde ich nicht klagen, aber das arme Kind muß leiden und ist ganz ermattet vor Hunger.

Risto. Ja, jetzt wein auch noch! So ein Theater wegen einer Finnmark! Man könnte meinen, er sei schon in Lebensgefahr.

Johanna. Wegen einer Finnmark! Ist es vielleicht das erste Mal, daß du mit Gewalt meine sauer verdienten Penni nimmst? Ganz zu schweigen von dem, was ich vor unserer Heirat angespart hatte.

Risto. Wegen deiner Mitgift fängst du an, dich aufzuspielen. Wegen einer Summe von sechshundert Finnmark! Viele Ehefrauen haben ihrem Mann Tausende und Zehntausende gebracht und halten keine langen Reden darüber. Du bist ein gemeines Ding, jawohl.

Johanna. Ich habe das zum ersten Mal erwähnt – und möge es auch das letzte Mal sein. Ich weiß nicht, wie mir das herausrutschen konnte. Wenn er verbittert ist, sagt der Mensch viel, das er nicht beabsichtigt hat.

Risto. Ja, schon gut, aber nun her mit dem Geld, oder ich rufe die Polizei zu Hilfe. Das zeigt, ob ich meine Alte zum Gehorchen bringe oder nicht. Nun, wie steht's? Schreie ich nicht schon? He, Po–

Johanna. Nein, laß nur, hier ist es. Würdest du doch auch gleich mein Leben nehmen, damit ich aus diesem Elend herauskomme!

Risto. „Aus diesem Elend“? Was hast du schon für eine Not. Geh zum Heulen nach Hause, damit du nicht noch zum Gespött der ganzen Stadt wirst. *(Geht zu Toppo)*.

Toppo. Na, Geld bekommen?

Risto. Aber natürlich! Siehst du es?

Toppo. He, das reicht genau für eine Flasche. Das taugt für uns.

Risto. Meine Alte ärgert mich nur. Wenn sie das Geld gegeben hat, nichts wie weg!

Toppo. Das dachte ich mir schon. Aber „sei ein Mann, halte alles aus“. Im Gesangbuch steht doch auch, daß der Mann die Schwächen seiner Frau ertragen muß. Siehst du, sie sind nun einmal das schwache Geschlecht.

Risto. Gehen wir dann in die Kneipe, Risto?

Toppo. Natürlich! Da gehen wir hin und leben wieder wie Herren, wenigstens einen Tag. *(Legt seinen Arm um Ristos Hals; singt).* „Man darf ihn nicht tadeln, den Schluckspecht, den Schluckspecht, den Schluckspecht. Der Mann ist in seinem Element. Ja, der Mann ist in seinem Element –“

Vappu. Wo bleibst du, Johanna? Komm Brot kaufen.

Johanna. Ein anderes Mal, Vappu, meine Liebe. Es paßt jetzt nicht.

Vappu. Weshalb nicht? Stört dich der Preis?

Johanna. Nein, es liegt nicht am Preis, aber dieses Mal muß ich auf das Einkaufen verzichten.

Vappu. Komm doch wenigstens her, ich habe mit dir noch etwas anderes zu besprechen. Hör mal, wolltest du nicht anfangen, Stoff zu weben? Frau Vörsky bat mich, irgendeinen zuverlässigen Menschen ausfindig zu machen, der zu so einer Arbeit fähig wäre. Ich dachte genau an dich, da ich keine andere kenne, für deren Ehrlichkeit ich garantieren könnte.

Johanna. Oh, ich nehme den Stoff gern zum Weben, wenn ich ihn nur bekomme. Es wäre mir eine große Hilfe in dieser schwierigen Zeit, weil ich mit dem Weben von Stoff mehr verdiene als mit anderer Handarbeit. Wann will sie Kleidung daraus machen?

Vappu. Geh und frag sie. Sag, daß ich dich geschickt habe. Aber eine Sache noch. Wenn du willst, bekommst du von mir Brot auf Kredit. Ich kenne dich doch. Du bezahlst dann, wenn du kannst.

Johanna. Tausend Dank! Jetzt bekomme ich Arbeit, dann

kann ich es vielleicht bald zurückzahlen.

Vappu. Hier ist ein halbes Brot. Laß es mich in dein Kleid stecken.

Johanna. Vergelte Gott dir deine Güte mir gegenüber, Vappu. Ich kann dir nicht so für alles danken, wie ich müßte. *(Bindet ihr Bündel zu, sagt Lebewohl und geht nach links.)*

Lotterliese (kommt von rechts angelaufen und schiebt einen einräderigen Wagen, in dem sie Kartoffeln hat. – Die Straßenjungen folgen ihr auf dem Fuß.)

Die Jungen. Lotterliese, Zigeunermädchen! Lotterliese! Auf wessen Kartoffelacker bist du stehlen gegangen?

Lotterliese (wendet sich von den Jungen ab). Wollt ihr euch wohl benehmen! Verschwindet!

Polizist. Wo hast du die Kartoffeln geklaut?

Lotterliese. Nirgends. Ich habe sie als Entgelt für Erntearbeit bekommen. Aber was geht dich das an?

1. Junge. Deine Mutter, hat deine Mutter denn Großväter?

2. Junge. Komm ihr nicht zu nahe. Sie hat ein Maul wie ein reißender Wolf.

3. Junge. Du Lotterliese, hast du die Gestalt von einer Krähe bekommen und diese Nase einem Raben abgerissen?

1. Junge. Wie bist du nur so schwarzhäutig geworden? Hat deine Mutter dich aus brennenden Holzscheiten aufgelesen, dich im Kohlenkasten geboren?

(Risto und Toppo kommen herbei. Toppo hindert Risto daran, zur Lotterliese zu gehen.)

2. Junge. Daß wir nicht deine Verwandtschaft kennen, Lotterliese? Deine Mutter war eine Zigeunerin.

3. Junge. Abfalleimer, Teertonne, Sülzebottich –

Risto (reißt sich von Toppo los und jagt die Jungen davon). Die werde ich lehren! Verschwindet von hier, klar? Solche Lausebengel. Versucht nur noch mal, herzukommen. *(Zurück zur Lotterliese).* Guten Tag, Kerttu, lange nicht gesehen. Wie geht es dir?

Lotterliese (sitzt auf ihrem Wagen und wirft Kartoffeln wie Bälle in die Luft. Sie sieht Risto nicht an.)

Risto. Ich habe dich vor den Streichen der Jungen gerettet.

Lotterliese. Das wäre nicht nötig gewesen. Das hätte ich schon selbst geregelt.

Toppo. Da siehst du, was du von ihr bekommst. Daß du Lust hast, so einer Vogelscheuche nachzulaufen! Komm zurück in die Kneipe. Wir tragen ein paar Spiele aus und trinken die Flasche leer.

Risto. Geh vor, ich komme gleich nach. Ein Mann muß doch seine frühere Braut begrüßen, nicht wahr, Kerttu?

Lotterliese. Bleib nur, wo du bist. Ich habe mit dir nichts mehr zu tun.

Toppo. Da hörst du es.

Risto. Bist du noch immer wütend auf mich? Weißt du, bei mir ist die alte Liebe sofort wieder aufgeflammt, als ich dich durch das Kneipenfenster habe vorbeigehen sehen.

Lotterliese (*springt auf*). Verschwinde!

Risto. Nun, nun, still, still! Ich tu dir doch nichts Böses.

Toppo. Verflixt, wie tapfer! Dich muß man einfach liebgewinnen, Lotterliese, oder was immer du bist.

Lotterliese (*wendet sich an die Menschenmenge*). Will niemand Kartoffeln kaufen? Fünfundzwanzig Pfennig das Stück.

Toppo. Komm schon, Risto, tu es mir nach. Jedenfalls kann ich mit Mädchen besser Spielchen treiben als du.

Lotterliese. Die Kartoffeln sind gut.

Toppo (*halb singend*). „Ofilia mansulalii, Ofilia mansulalii.“ Erinnerst du dich noch an die Sprache deiner Familie, du schwarzäugiges Unglückskind? „Ala bingelibii, ala dackeli dii, Saridoo! Ala bingeli bii, ala dackeli dii, Saridoo! Ala baskusi, nellusi, vatsusui, Sulamala, sulamala sumperin sutsatsii. Ofilia mansulalii, Simsilä, kimsilä, rattentaal.“

Lotterliese. Wozu sperrst du den Rachen auf und zeigst deine Zähne?

Toppo. Das ist Zigeunerisch, deine Stammessprache, erkennst du sie nicht? – „Ala bingeli bii, ala dackeli dii vaktartaa. Konsunellos vad, ala vengos vad, ala miira, miira Surted sudsura vaktartaa.“

Lotterliese. So gerät deine Zunge noch einmal zwischen die Zangen des Teufels.

Toppo: Nein, Risto, laß uns gehen. Es lohnt sich nicht, diesen Giftzahn zu ärgern.

Risto. Ich versuche es noch einmal. – Kerttu, mein Schatz, meine Beere, mein Zuckerpüppchen, komm, gib mir die Hand und sag: Schluß mit der Gehässigkeit, statt dessen Friede, Freude, Eierkuchen!

Lotterliese. Hört auf, mich zu ärgern, ihr Kreuzottern, sonst singt der Hahn kein Lied zu euren Ehren.

Risto (singt). „He, he, Brüder und Freunde, wo ist die Liebe, die einst in uns war –"

Lotterliese. Wenn ich bloß eine Waffe hätte, dann schlüge ich dich an Ort und Stelle tot.

Toppo. Was für eine Krawallschachtel!

Risto. Dieses Mädchen hat die Galle eines Bären.

Lotterliese. Die Galle eines Bären und Nägel wie zehn Sensen. Komm nur zu nahe, dann –

Risto. Soll ich etwa Angst vor dir haben? So weit kommt's noch. Ich kriege dich zu fassen, ehe du dich versiehst.

Lotterliese: Laß mich in Ruhe, sonst verhexe ich dich auf gut Glück, so daß deine Augen in diesem Zustand bleiben.

Risto. Du kannst doch gar nicht hexen. (*Greift ihr unter die Gürtellinie.*)

Lotterliese (reißt sich los und bombardiert ihn mit Kartoffeln). Da hast du, da, da und da –

Risto. Ach Kind! Glaubst du, einen erwachsenen Mann mit Kartoffeln zu besiegen? (*Versucht wieder, sie festzuhalten.*)

Lotterliese (nimmt Sand vom Boden und wirft ihn Risto in die Augen). Und jetzt – und jetzt –?

Risto. Nein, verflixt! Eine Katastrophe, wenn das mir die Augen blendet!

Lotterliese. Hast du endlich, was du wolltest?

Toppo. Nun, Risto, du scheinst den kürzeren zu ziehen!

Risto. Spotte nicht. Das hier ist ernst.

Lotterliese. Hoffentlich brennt es eine Weile. Dann denkst du daran, mich in Frieden zu lassen.

Toppo. Du hättest auf mich hören und in der Kneipe bleiben sollen!

Risto. Helft mir, liebe Leute! Hat keiner Wasser oder Milchtropfen?

(*Die Leute versammeln sich um ihn. Die Lotterliese sitzt auf ihrem Wagen am Rand.*)

Eine Alte. Was ist in die Augen gekommen?

Risto. Dieses Mädchen hat Sand und Erde hineingeworfen.

Die Alte. Welches Mädchen?

Lotterliese. Ich.

Eine Stimme aus der Menschenmenge. Eine Zigeunerin, eine Heidin!

Eine Andere. Prügel täten so einer gut.

Die Alte. Setz dich auf den Wagen, dann kann ich mir die Augen genauer ansehen.

(Die Lotterliese steht auf und macht Platz.)

Risto. Sie brennen wie Feuer.

Die Alte. Kein Wunder. Guter Gott, aus ihnen kommt Blut. Armer Mann, reibe nicht mehr. Oh, oh. Aus den Augen wird nichts mehr, nicht aus diesen Augen.

Toppo. Oho? Da ist wohl etwas schiefgegangen.

Die Alte. Ohne Hilfe wird der arme Mann blind. Nennt mich eine Lügnerin.

Lotterliese. Blind? Wird er blind? – Das ist nicht wahr!

Stimme aus der Menschenmenge. Sauna-Anna kennt sich natürlich aus. Sie hat einen guten Blick für Augen.

Lotterliese. Von so einer Kleinigkeit kann nicht das Sehvermögen verschwinden.

Die Alte. Komm, schau es dir an. Die Augen sehen aus wie Blutbälle.

Risto. Bist du nun zufrieden, Kerttu? Oh, verdammt, wie es in ihnen brennt.

Lotterliese. Tun Sie irgendwas drauf.

Die Alte. Was soll man schon darauflegen.

Lotterliese. Arzneien, Salbe. Wissen Sie keinen Rat?

Die Alte. Doch, wenn es Geld dafür gibt.

Lotterliese: Das bekommen Sie schon. Ich beschaffe es, egal woher. (*Nimmt einen Geldbeutel aus ihrer Brusttasche*). Das hier für den Anfang. Schicken Sie jemanden zur Apotheke. Zu der neuen Apotheke, die hier ganz in der Nähe ist. Schnell, schnell! Ich treibe inzwischen mehr Geld auf. Kauft denn keiner Kartoffeln!

(Die Alte flüstert einem Jungen etwas zu, der weggeht).

Lotterliese. Lauf, Junge, lauf, was du kannst.

Risto. Der Schmerz wird immer stärker. Sicher verliere ich nun mein Augenlicht.

Lotterliese. Hab keine Angst. Warten wir ab. Gleich bringt

der Junge Medizin. Vielleicht hilft die. Du bekommst
viel Medizin, sehr viel. (*Läuft nach hinten, wo mehrere
Herren Zigarren rauchen.*)
Stimme aus der Menge. Das Mädchen bekommt Angst.
Eine Andere. Das ist gewiß. Es wird auch langsam Zeit.
Lotterliese. Sehr geehrte Herren, geben Sie mir Geld? Ich
tanze für Sie einen wunderschönen Zigeunertanz.
1. Herr. Tusan till vacker flicka.[2]
2. Herr. Zigenerska, tror jag.[3]
Lotterliese. Geben Sie mir Geld?
3. Herr. Så innerligt hon ber.[4]
3. Herr. Nej, men se på de ögonen![5]
4. Herr. Charmant!
Lotterliese. Sehr geehrte Herren, darf ich für Sie tanzen?
1. Herr. Vi låta henne dansa.[6]
2. Herr. Ja, ja, naturligtvis.[7]
3. Herr. Ypperligt![8]
4. Herr. Tanz, tanz! Du bist ein schönes Mädchen. Ich gebe
dir Geld! Ein schönes Mädchen bekommt immer viel
Geld. Viel Geld.
Lotterliese (schiebt den Karren beiseite). Macht Platz und
singt!
(Die Menschenmenge singt. Die Lotterliese tanzt.)

Der Abend ist kühl,
Fröhlich das Springen,
Die Melodie ist schön,
Wild das Wippen.
Kommt hierher,
um mich anzuschauen,
Für euch tanze ich
Und singe.

---

2   Schwed.: Der Tausend, ein schönes Mädchen.
3   Zigeunerin, glaube ich.
4   Wie inständig sie bittet.
5   Nein, seht euch nur die Augen an!
6   Wir lassen sie tanzen.
7   Jaja, natürlich.
8   Wunderbar!

Ich hüpfe und singe ein wenig,
Ich hüpfe und singe ein wenig.

Schwarz ist mein Haar,
Schön mein Körper.
Mittellos bin ich armes Ding,
Jämmerliches Schicksal,
Tagsüber tanze ich
Und bin fröhlich,
In den Nächten weine ich
Und seufze.
Ja, nachts weine und seufze ich,
Aber nun lache und tanze ich.

(Sammelt das Geld in ihrer Schürze und bringt es Risto.)

3. Akt

(Waldige Gegend. Rechts ein Heuschober. Mondschein.)

Lotterliese (kommt von rechts). Weg hier, weit, weit weg. – Dorthin, wo weder Mond noch Sonne scheinen. Oder auf den Grund des Sees, so tief wie möglich, daß nur die Wellen den Verschwundenen finden. Was mache ich auf dieser Welt? Ich habe hier keinen Platz; kein einziger Mensch würde mich vermissen oder um mich weinen. Warum, Gott, hast du so ein elendes Wesen geschaffen, an dem keiner Freude hat, das niemand, niemand, niemand liebt? *(Wirft sich unter einen Baum auf der linken Seite und bricht in klägliches Weinen aus. Von links kommt die Zigeunerschar, Helka vorneweg, Hagert, Ilona und ihre beiden Kinder hinterher.)*

Helka. He, kommt her! Hier ist eine Scheune, in der finden wir einen ausgezeichneten Platz für die Nacht. Im Heu schlafen wir besser als in Daunenkissen.

Ilona. Mutter, siehst du, da liegt jemand unter dem Baum.

Helka. Tatsächlich, das ist ein Mensch. He, wer ist das?

Lotterliese. Ein Wurm, eine Raupe, Futter für die Fische.

Helka. O Gott, du bist fast jämmerlicher dran als wir. Woher kommst du, du Ärmste?

Lotterliese. Woher ich komme? Ja, ich würde es sagen, wenn ich es wüßte. Hat der Unsichere eine Stube, der Unglückliche ein Dach über dem Kopf? Die Ente hat ihren Platz als Schutz, die Polarente ihre ruhigen Nester, aber der Ausgestoßene hat nur die Wildnis als Zuhause, die öde Waldgegend als Sauna und die Zaunecke als Zuflucht.

Ilona (an Hagert gewandt). Hörst du ihre Worte, Hagert? Sie hat ebensowenig ein Zuhause wie wir.

Helka. Du siehst noch so jung aus und bist trotzdem schon so unglücklich. Hast du niemanden auf der Welt, der sich um dich kümmert? Eltern, Verwandte oder wenigstens Bekannte?

Lotterliese. Niemanden. Meine Mutter ist spurlos verschwunden, meinen Vater deckt der Friedhofrasen. An Bekannten habe ich nur das Schneegestöber des Himmels und den Wind, an Freunden keine lieberen als die ständigen Frühlingswinde des Brachlandes. Aber was soll's. Sie tadeln nicht für nichts und wieder nichts, und sie betrügen auch nicht hinterlistig wie die Menschen.

Helka. Wie wahr, mein Kind, wie wahr!

Lotterliese. Von jetzt an gehe ich nicht mehr unter Menschen, ich passe nicht zu ihnen. Allein lebt es sich gut. Man ist keinem im Weg, niemandes Gespött, verstellt keinem den Blick.

Ilona. Oh, Hagert, mir tut diese Unglückliche so leid.

Hagert. Laß Mutter mit ihr sprechen.

Helka. Wie heißt du, armes Mädchen?

Lotterliese. Kerttu.

Helka. Kerttu? – Hörst du, Hagert, sie heißt Kerttu. Und wie ist dein Nachname, dein Nachname?

Lotterliese. Väänänen.

Helka. Aus Tuusniemi?

Lotterliese. Mein Vater kam von dort.

Helka. Und deine Mutter, Kind, wer war deine Mutter?

Lotterliese. Man sagt, daß sie eine von eurem Stamm war, und daß sie meinen Vater verließ, als ich noch ein Kind war, erst ein Wickelkind. Seitdem hat man nichts mehr von ihr gehört.

Helka. Komm heraus aus dem Schatten des Baumes, hierher ins Mondlicht, damit ich deine Augen sehen kann. Oh, Fügung des Himmels, du bist doch meine Aili, ganz leibhaftig! Hagert, schau dir die Augen an, diese Stirn, die Haare. Du bist mit Sicherheit von meinem Fleisch und Blut. Komm in meine Arme, Kind, komm in die Arme deiner Großmutter.

Hagert. Guten Tag, Kerttu, hier siehst du deinen Onkel.

Ilona. Und hier seine Frau. Nun bist du nicht mehr allein, Kerttu, du hast Verwandte und Freunde.

Lotterliese. Ich Verwandte, Freunde? Ist das möglich? Und meine Mutter, wo ist sie?

Helka. Unter der Erde, Kind. Unmengen von Sand haben ihre

Augen schon vor sechzehn Jahren geschlossen. Deine Mutter hatte viel zu erdulden, Kerttu, sie wanderte am Rande der Welt. Alle scharfen Winde und des Himmels Mißgeschicke sind über sie hinweggefegt.

Lotterliese. Meine arme Mutter!

Helka. Siehst du, Kerttu, sie verleugnete ihre eigene Familie, und dafür suchte die Strafe sie heim. Sie glaubte, einen sicheren Platz und ein besseres Leben zu bekommen, als sie uns verließ, aber damit fingen für die Ärmste nur Elend und Kummer an. Im Haus ihres Mannes war sie das schwarze Schaf. Man haßte sie wegen ihrer Herkunft, unterdrückte und verfolgte sie, weshalb sie, das Kind auf dem Arm, zu uns zurück floh. Aber diese Bestien kamen ihr nach und rissen dich von ihrer Brust, und seit diesem Augenblick ist deine Mutter keinen Tag mehr gesund gewesen. Die Sehnsucht nagte an ihrem Herzen und führte sie bei Tagesanbruch aus der Mühsal der Welt in das Totenreich.

Lotterliese (leise weinend). Die Glückliche!

Helka. Lange Jahre sind seit dieser Zeit vergangen, und noch immer ziehen wir durch die Welt. Aber erst jetzt führt unser Weg zurück in diese gefürchtete Gegend. Was für ein wunderbarer Zufall, daß wir uns begegnet sind! Du bleibst natürlich von jetzt an bei uns, nicht wahr, mein Kind?

Hagert. Gewiß, Kerttu. Laß dir nichts anderes einfallen.

Ilona. Wir bleiben bis zum Tod zusammen, nicht wahr, Kerttu?

Helka. Und wenn wir auch keine Ländereien oder Güter besitzen, so statt dessen die goldene Freiheit. Was fehlt uns, wenn wir durch die Sümpfe und Länder streifen, wenn wir im Wald den Kuckuck rufen hören oder wenn wir uns im Licht des Tages auf den Beeren auf dem Brachland ausstrecken? Auf der Straße ist unsere Hütte, im Torf unsere Stube, und als Wärmequelle haben wir alle Liebe und Eintracht. Nein, komme, was da wolle, dieses Leben würde ich nicht gegen das Zepter eines Königs eintauschen.

Lotterliese. Großmutter, ich komme mit euch. Oh, hier beginnt ein neues Leben. Und die Kinder! Sind das eure? Kommt auf meinen Schoß, ihr Kleinen, kommt. Ich habe euch so lieb, so furchtbar lieb. Eure Cousine darf euch doch während der ganzen Reise auf dem Arm tragen und sich um euch kümmern, nicht wahr?

Die Kinder. Ja, ja.

Lotterliese. Und zwischendurch spielen wir Blindekuh und Katz und Maus. Und dann bringt euch eure Cousine das Tanzen bei – alle möglichen Tänze. Wir werden es schön haben, wunderbar schön! Aber frierst du nicht, du armes Ding, wenn dein Hals so frei ist. Sieh nur, die Cousine bindet dir einen Schal um. So, nun hat das Kind es warm. Wie ist dein Name, meine Kleine?

Das Mädchen. Ich heiße Ilona, wie meine Mutter.

Lotterliese: Du bist nach deiner Mutter benannt. Und du, mein Junge, sicher nach deinem Vater.

Der Junge. Nein, ich habe einen eigenen Namen: Herman Gabriel.

Lotterliese. Wir werden bestimmt gute Freunde, Herman, glaubst du nicht auch?

Herman. Sicher. Und ich kann auch schon Bratkartoffeln machen, aber Ilona nicht. Dabei müßten Mädchen so etwas können.

Lotterliese. Ja – Bratkartoffeln *(setzt das Kind ab und steht nervös auf).* Wie konnte ich das nur vergessen? Großmutter, du bist doch alt und erfahren, du kennst sicher auch viele Arzneien. Könntest du mir nicht eine Augensalbe machen, die vor Erblindung schützt? Ich habe heute einem Mann Erde in die Augen geworfen, und nun heißt es, er sei blind geworden! Stell dir vor, blind, bis ans Ende aller Tage blind! Und ich Elende habe ihn so unglücklich gemacht. Großmutter, wenn du irgend kannst, dann heile seine Augen, sonst finde ich nie Frieden.

Helka. Warum hast du ihm Erde in die Augen geworfen, Kind?

Lotterliese. Weil ich einen so schlechten Charakter habe, Großmutter. Ich haßte ihn ganz wahnsinnig und wollte ihn ins Verderben stürzen. Wenn ich nur eine Waffe in der Hand gehabt hätte, hätte ich ihn sicher totgeschlagen. Ich war so zornig und habe einen so furchtbar bösartigen Charakter.

Helka. Und weshalb haßtest du ihn, Kind?

Lotterliese. Warum ich ihn haßte? Warum wohl! Nur deshalb, weil ich ihn vorher so leidenschaftlich liebte.

Helka. Hat er dich betrogen?

Lotterliese. Frag nicht nach allem, Großmutter.

Helka. Hat er dich betrogen, Kerttu? Ich will es wissen.

Lotterliese. Und wenn er es getan hätte, was dann? Kann man ihn dafür tadeln, daß er ein Zigeunermädchen verlassen hat, wenn er eine bessere haben konnte? Alle anderen hätten das gleiche getan.

Helka. Natürlich, das sieht ihnen ähnlich! Es ist keine Sünde, wenn ein Mann eine minderwertige Frau verführt und unglücklich macht. Tausende haben das getan, und es wird ihnen nicht angekreidet. Sie werden dafür weder zu einer Geldstrafe verurteilt noch ins Gefängnis gesteckt. Oh, ihr Christen, was seid ihr für Menschen. Scheinheilige, jawohl, Scheinheilige, nichts weiter. Gewiß sind sie fromm, wenn sie „heilig“ in der Kirche sitzen und die langweilige Predigt des Pfarrers hören, aber sobald sie der Kirche den Rücken zudrehen, kommt der Wolf aus dem Schafspelz hervor. Diese Elenden predigen das eine und tun das andere, das ist sicher. Und ich bin so eine Zigeunerin, wie ich eben eine bin, aber das sage ich: Diese Leute verabscheuen mich.

Hagert. Schere nicht alle über einen Kamm, Mutter. Es gibt auch gute Christen.

Helka. Ich habe keinen guten getroffen, soviel ich auch auf der Welt herumgekommen bin. Sie sind alle gleich, keiner ist besser als der andere. Und uns verachten sie noch, halten uns für schlechter als ihre Hunde. Sie sagen, daß ihr Gott uns verdammt und zur ewigen Flucht verurteilt hat. Und trotzdem müßten wir zur Kirche gehen und diesem Gott dienen. Das wäre ja noch schöner! Um was für eine Sache ging es? Du willst, daß ich dem Mann helfe, der dich betrogen hat? Daß ich eine Salbe für seine Augen mache?

Lotterliese. Ja, Großmutter, wenn du das nur tun könntest.

Helka. Natürlich könnte ich, aber ich will nicht. Hörst du, ich will nicht. Eher würde ich für ihn eine Salbe zubereiten, die ihm auch noch das letzte Augenlicht nimmt. Das ist meine Einstellung, auch wenn es gottgefällig wäre!

Lotterliese. Du könntest seine Augen heilen und willst nicht. Obwohl du weißt, daß ich mich ertränken muß, wenn er blind wird.

Helka. Was für eine Irrsinnige! Du würdest dich ertränken wegen eines Mannes, der dich betrogen hat? Du bedauerst diese Bestien, die deiner Mutter den Tod gebracht und ihren Stamm verflucht haben? Nein! So verrückt ist die Tochter meiner Tochter nicht. Das kannst du mir nicht einreden.

Lotterliese. Großmutter, sag es kurz und bündig: Heilst du seine Augen oder nicht?

Helka. nein! Und wenn er ewig in der Dunkelheit herumtappt. Auch dann nicht, nein!

Ilona (legt ihre Arme um Lotterlieses Hals). Kerttu, sprich jetzt nicht mit Großmutter über diese Sache. Warte, daß ihr Sinn milder wird.

Helka. Was flüsterst du da, Ilona? Ab in die Scheune mit den Kindern! Alle jetzt zum Schlafen ins Heu! Du auch, Kerttu. Oder laß erst hier draußen deine Aufregung abkühlen, wenn du willst. Aber kein Wort mehr über diesen Mann, merk dir das. *(Folgt den anderen in die Scheune.)*

Lotterliese. Leb wohl, Großmutter! Lebt wohl, ihr alle. Ihr seht mich nicht wieder. Besser auf dem Grund des Sees in Gesellschaft der Großen Maränen als mit so hartherzigen Verwandten auf und davon. *(Will gehen).*

Risto (rechts). Nun, grüß dich! Habe ich dich doch erwischt. Ich habe mir schon gedacht, daß man dich nirgendwo anders suchen müßte als in der Scheune von Nittylä.

Lotterliese. Wie geht es deinen Augen, Risto? Wirst du wirklich blind?

Risto. Ich befürchte Schlimmes. Ich kann kaum etwas sehen. Vor allem nicht mit dem zweiten.

Lotterliese. Aber Arzneien und Salben? Helfen die nicht?

Risto: Kein bißchen. Sie brennen nur in den Augen.

Lotterliese. Wieso rächst du dich nicht an mir, Risto? Du könntest einen Dolch nehmen und ihn mir die Brust stoßen.

Risto. Ausgerechnet jetzt, da ich nichts sehe. Würden die Augen davon besser werden?

Lotterliese. Wenn ich dir nur wenigstens auf irgendeine Art helfen könnte, Risto.

Risto. Willst du das wirklich, Kerttu? Ehrlich gesagt, in dieser Hoffnung bin ich dir auch gefolgt.

Lotterliese. Ob ich will! Da fragst du noch. Ich würde dir

mein Leben opfern, wenn ich dir damit dein Sehvermögen zurückgeben könnte.

Risto. Das ist unmöglich. Aber du könntest mir auf eine
andere Art Gutes tun.

Lotterliese. Risto, ich weiß! Du kannst deinen Lebensunterhalt
nicht mehr selbst verdienen, wenn du blind wirst. Aber
ich werde arbeiten und dich ernähren. Und ich schaffe
es, du wirst schon sehen. Keiner hat so viel Kraft wie
ich. Ich war geradezu rasend. Ich wollte schon ins Wasser gehen, weil ich so böse auf dich und das ganze
Leben war. Ich habe nicht daran gedacht, daß ich dir
eine Hilfe und ein Nutzen sein könnte.

Risto: Das könntest du tatsächlich sein. Aber für die Arbeit einer
Frau wird wenig gezahlt. Damit kommen wir nicht weit.

Lotterliese. Dann weiß ich einen anderen Rat. Ich gehe auf
den Markt und tanze und singe. Oder noch besser, in
den Kneipen der Herren! Oh, ich denke mir schon einen
Auftritt aus. Erinnerst du dich, wieviel Geld diese Herren mir heute auf dem Markt gegeben haben?

Risto. Ja, das ist keine schlechte Idee. An so etwas habe ich
auch gedacht.

Lotterliese. Du wirst fortan wie ein Graf leben, Risto. In kur-
zer Zeit bringe ich dir Geld. Und dann wird deine Laune
immer besser. Nicht wahr, Risto?

Risto. Ganz bestimmt. Wenn ich Geld bekomme.

Lotterliese. Was für eine Närrin ich bin. Ich weine und lache
gleichzeitig. – Mir ist so gut und fromm zumute, obwohl
das Wasser sich mir noch in die Augen drängt. Seltsam,
daß ich nicht gleich darauf gekommen bin, wie ich
meine unglückselige Tat ein wenig wieder gutmachen
kann.

Risto. Du bist einfach entzückend. Welch merkwürdiger Charakter. Noch heute morgen so aus dem Häuschen und
jetzt wieder so sanft. Wo ist dein Zorn geblieben, nun,
da von ihm nichts mehr zu merken ist?

Lotterliese. Er ist dahingeschmolzen wie Fachs im Feuer. Ver-
dunstet wie Tau auf dem Waldboden. Mach dir keine
Gedanken mehr, Risto. Ich schäme mich selbst für
meine Dummheit.

Risto: Aber weißt du was, Kerttu?

44

Lotterliese. Laß hören.

Risto: Nimm mich mit, dann gehen wir zusammen auf den
  Markt und kassieren reichlich Geld.

Lotterliese. Zusammen? Du und ich?

Risto. Ja, wir beide. Siehst du, ich kenne mich mit den Treff-
  punkten der Herren und dergleichen besser aus. Du
  kommst nicht damit zurecht, wenn ich nicht mitkomme,
  um dich zu beraten und zu führen.

Lotterliese. Aber wie kannst du das tun, wenn du blind wirst?

Risto. Vielleicht werde ich gar nicht blind. Ja, ich meine
  natürlich, wenn ich nicht stockblind werde.

Lotterliese. Und Johanna – ?

Risto. – soll hier bleiben und sich selbst versorgen. Sie wird
  keine Not leiden. Sie bekommt so viel Arbeit, wie sie
  will.

Lotterliese. Ja, aber –

Risto: Sie wird mich nicht vermissen, das brauchst du nicht zu
  befürchten. Sie ist dankbar, mich loszuwerden.

Lotterliese. Einen Mann wie dich! Wie ist das möglich?

Risto. Glaub, was du willst, aber so liegen die Dinge. Na, was
  denkst du? Machen wir uns auf den Weg?

Lotterliese. Ich muß meine Großmutter fragen.

Risto. Deine Großmutter?

Lotterliese. Meine Großmutter und meinen Onkel, die in der
  Scheune schlafen. In ihrer Gesellschaft müßten wir
  umherziehen.

Risto. Zum Teufel! In der Scheune sind Leute. Dann laß uns
  leise sprechen. Komm, setzen wir uns unter den Baum,
  Kerttu, dann können wir reden – komm etwas weiter
  weg.

Lotterliese. Warum gerade dort hin? Es ist doch hier genau so
  gut.

Risto. Nein, komm dorthin, dann flüstere ich dir etwas ins
  Ohr. Nun – was hast du für Bedenken?

Lotterliese. Ich weiß nicht. Es ist schon Nacht und so dunkel.

Risto. Sei nicht kindisch, komm schon. (*Zieht die Lotterliese
  an der Hand*).

Helka (*schreit aus der Scheune*). Kerttu! He, Kerttu, bist du
  da draußen?

Lotterliese (*zieht ihre Hand zurück*). Laß mich, meine Groß-

mutter ruft. Und geh schnell weg, Risto, geh, geh, daß
Großmutter dich nicht sieht.

Risto (packt sie aufs neue). Still! – Warten wir noch ein bißchen, sie kommt nicht her.

Helka. Kerttu, wo bist du?

Lotterliese. Laß mich los, Risto, sie kommt bestimmt. In ein
paar Tagen bekommst du Bescheid von mir, bis dahin
leb wohl.

Risto. Ist das sicher?

Lotterliese. Vertrau mir. Da kommt sie schon.

Risto. Dann leb so lange wohl! *(Geht.)*

Helka (schaut aus der Scheunentür). Wo bleibst du so lange?
Komm nun schlafen!

Lotterliese. Großmutter, hör zu! Liebst du mich nicht ein
wenig?

Helka. Also wirklich, Kind! Warum fragst du so verrücktes
Zeug. Natürlich liebe ich dich. Du bist doch eine Unter-
drückte von meinem Stamm, und du bist mein eigen
Fleisch und Blut. Natürlich liebe ich dich.

Lotterliese. Dann nimm meinen Freund in deine Schar auf und
betrachte ihn wie mich als Familienmitglied. Tust du
das, Großmutter?

Helka. Meinst du den Mann, der dich betrog?

Lotterliese. Das macht er nicht noch einmal.

Helka. Und wenn ich ihn aufnehme, was dann, Kerttu?

Lotterliese. Dann gehen wir unsere eigenen Wege.

Helka. Kind, Kind, du bist blind, blind gegenüber dem Mann,
den du deinen Freund nennst. Komm jetzt aus der nächt-
lichen Kälte in die Scheune. Es ist nicht gesund, nachts
in der Einsamkeit wach zu bleiben, Kerttu. Deine Mutter
hat es auch so gemacht, und es hat ihren Liebeskummer
nicht gelindert.

Lotterliese. Antworte mir erst. Nimmst du ihn auf oder nicht?

Helka. Muß ich wohl. Was bleibt mir anderes übrig?

Lotterliese. Danke, Großmutter!

Helka. Aber laß dir gesagt sein: Wenn er dich noch einmal
betrügt, dann bringe ich ihn um.

Lotterliese. Wenn er mich noch einmal betrügt, bringst nicht
du ihn um, sondern *ich*.

4. Akt

(Johannas und Ristos Wohnzimmer. Links der Webstuhl, auf dem Stoff befestigt ist. Rechts die Wiege. An der Rückwand ein Bett, in der Mitte die Tür zum Vorzimmer. Johanna sitzt auf einem Hocker, wiegt das Kind. Risto liegt ausgestreckt auf dem Sofa.)

Johanna (singt leise).

> „Sie schaukelte das Kind ins Totenreich hinein,
> In die Kammern der Kirche.
> Dort ist ein Häuschen das Schutzdach,
> Wunderbar der Sand auf dem Ackerland.
> So ein dichter junger Laubwald,
> ein Laubwald des Friedens!
> Fern ist die Verfolgung, der Streit,
> Fern die böse Welt –"

Risto (dreht sich ungeduldig auf die andere Seite). Sei doch still, daß ich schlafen kann.

Johanna (hört auf zu singen. Schaukelt noch einen Moment die Wiege, vergewissert sich, daß das Kind eingeschlafen ist, und steht leise auf). Risto – bist du wach?

Risto. Ja, was gibt's?

Johanna. Ich möchte dich bitten, einen Moment auf das Kind aufzupassen. Ich muß zu Frau Vörsky gehen, um Stoff zum Weben zu bekommen.

Risto. Bleibst du lange weg?

Johanna. Nur einen Augenblick.

Risto. Ich bin ganz aufgeschmissen, wenn es in der Zwischenzeit aufwacht und anfängt zu schreien. Ich kann es nicht beruhigen, ob ich es versuche oder nicht.

Johanna. Er wacht schon nicht auf, er ist ja gerade eingeschlafen.

Risto. Du könntest Frau Vörsky um ein paar Finnmark Vorschuß für die Arbeit bitten. Das schlägt sie dir auf keinen Fall ab.

Johanna. Es ist so schwierig, Risto. Ich kann keine Vorauszahlung verlangen. Und zur Zeit brauchen wir nicht viel, da wir Brot und Beilagen im Haus haben.

Risto. Wir brauchen noch Geld für andere Sachen, nicht nur fürs Essen. Meine Stiefel sind kaputt, man müßte sie ersetzen.

Johanna. Du hast doch noch ein zweites Paar. Trag das, bis ich den Stoff zum Weben bekommen habe. *(Zur Tür.)* Du bleibst doch so lange zu Hause, damit das Kind nicht allein bleibt?

Risto. Geh nur, vielleicht kümmere ich mich darum.

Johanna (geht).

Risto (schreit). Oder – ist sie schon weg? Johanna! Warte mal! Jo–han–na!

Johanna (öffnet die Tür und steht auf der Schwelle).

Risto. Bring wenigstens ein bißchen Geld mit, damit ich endlich mal wieder eine Flasche Bier bekomme.

Johanna. Unmöglich! Was würde die Frau sagen, wenn ich sie um Geld für Bier bäte?

Risto. Mußt du ihr das unbedingt mitteilen, dumme Gans? Du kannst doch zum Beispiel sagen, daß ich krank bin und Medizin brauche.

Johanna. Ich will nicht lügen, Risto.

Risto. Du willst nicht, du willst nicht! Genau so eine bist du. Immer und immer Widerstand, nie Zustimmung. Also verschwinde von hier, damit du irgendwann zurück kommst, geh schon.

Johanna (geht).

Risto (gähnt ausgiebig und setzt sich auf). Das hier ist nicht das Wahre. Die Abende trostlos und die Tage lang wie die Hungerjahre. Und die Lotterliese kommt auch nicht vorbei, obwohl sie es versprochen hat. Ich muß wohl wieder mal gehen und sie holen.

Toppo (steckt den Kopf zur Tür herein). Morgen! Du bist zu Hause?

Risto. Wo sonst?

Toppo. Das fragt er noch! Bisher hat man dich meistens in der Kneipe angetroffen.

Risto. Was soll ein Mensch dort, wenn das Geld futsch ist?

Toppo. Du bist nicht lange damit ausgekommen, das muß man sagen.

Risto. Es war merkwürdig. Ein, zwei, dreihundert Finnmark. Damit kommt man nicht weit.

Toppo. Nun, es ist keine große Summe, wenn man sie los wird, aber man gerät doch ganz schön ins Schwitzen, bevor man sie zusammen hat.

Risto. Gehst du übrigens in die Kneipe?

Toppo. Von da komme ich gerade.

Risto. Und dort waren Männer?

Toppo. Natürlich. Dort sind immer Leute, egal, zu welcher Tageszeit.

Risto. Ob Tag oder Nacht! Wir sind doch wenigstens liebende Brüder, wenn auch alles daneben geht.

Toppo. Sag das nicht! Wir sind hier doch die besten Männer, wenn du es recht bedenkst. Die Welt würde sich kaum weiterdrehen ohne uns.

Risto. Augenblick! Sagst du das ganz im Ernst?

Toppo. Na, hör mal! Wessen Schultern tragen hier die Last, die der Herrschaften oder die der arbeitenden Bevölkerung? Wer macht die Arbeit, und wer genießt die Früchte der Arbeit, erklär mal einer diesen Zustand!

Risto. Ja, ja, das kann sein. Aber ich meinte eigentlich die Jedermänner der Welt, wie dich und mich und viele andere.

Toppo. Die wie wir trinken! Aber das ist es gerade. Siehst du, in diesem Land ist unsere Position so ungeheuer klug geregelt, daß wir auf keinen Fall nutzlose Mitglieder der Gesellschaft sind. Ob wir nun so oder so leben, wir verhelfen doch immer dem Land zu seinem Besten. Wenn wir arbeiten, ist es gut, wenn wir trinken, ist es auch nicht schlecht. Wenn es keine Schnapstrinker gäbe, gäbe es auch keine Schnapsbrennereien, und ohne Schnapsbrennereien bekäme der Staat keine Alkoholsteuer. Und wovon sollte er dann Schulen und Bahnstrecken bauen?

Risto. Wirklich! Daß ich darauf nicht gekommen bin. Du bist gar kein dummer Mann, Toppo.

Toppo. Aber die Herren dagegen! Sie trinken teure ausländische Getränke, verwenden ausländischen Stoff, Essen,

Möbel und die unnützesten Dinge, wenn sie nur aus dem Ausland kommen. Strapaziert das nicht das Land? Und womit bügelt man den Schaden aus, wenn nicht mit dem Schweiß der niedrigen Gesellschaftsschicht?

Risto. Und mit ihrem Hunger.

Toppo. Ja sicher, mit dem Hunger noch dazu. Ein Durchschnittsmann kann sich wer weiß wie anstrengen, er bekommt nicht so viel dafür, daß es ihm gute Verhältnisse verschaffen würde. Der Verrückte macht viel Arbeit, der Kluge kommt auch mit weniger über die Runden. Ich für meinen Teil lege keinen Wert darauf, mir zu viel Arbeit auf die Schultern zu laden, sondern trinke lieber, denn damit bin ich der menschlichen Gemeinschaft auf edlere Weise von Nutzen.

Risto. Auf edlere Weise als mit Arbeit?

Toppo. Ja, genau. Schau, ist das nicht klar? Wenn ich arbeite, bereichere ich nur die ohnehin Reichen, so daß sie ihr Leben in noch größerem Luxus verbringen, aber wenn ich trinke, fördere ich die Kultur im Land, und das ist, wie wir wissen, ein bißchen anders. Wenn ich hier in der Zeitung lese, welch große Gewinne die Kneipen letztes Jahr gemacht haben, und wie die Mittel dann für in den Lesesaal, die Bürgerbibliothek, die Mädchenschule und alle möglichen guten Einrichtungen geflossen sind, dann bin ich sogar zufrieden mit mir *(singt):* „Man darf ihn nicht tadeln, den Schluckspecht, den Schluckspecht, den Schluckspecht. Der Mann ist an seinem Platz, der Mann ist an seinem Platz –" *(Bricht plötzlich ab; spricht.)* Komm in die Kneipe, Bruderherz.

Risto. Dengi nietu.[9]

Toppo. Hast du nichts zu verpfänden?

Risto. Vänta![10] Du triffst wieder mal den Nagel auf den Kopf. Da finde ich schon was. Wir zerschneiden diesen Stoff von Johanna und bringen ihn als Pfand in die Kneipe. Was meinst du? Ist er geeignet?

Toppo. Warum sollte er nicht geeignet sein? Aber was sagt deine Frau dazu?

---

9 Russ. Den'gi n'et' = Kein Geld.

10 Schwed. Vänta! = Warte!

Risto. Das kümmert mich nicht. Was kann sie mir anhaben? Zuerst schreit sie Zeter und Mordio, dann beschafft sie Geld und löst den Stoff ein. So wird es gemacht. Berate mich mal, ich weiß nicht richtig, wie man das hier handhabt.

Toppo. Schneide nicht so vorsichtig, laß ein Viertel dran und schneide dann das lange Stück ab. Genau so. Jetzt ist er entzwei. Und nun noch herunter mit ihm vom Webstuhl. War das schwierig? Mit dem Stoff bekommt man sicher immer Schnaps. *(Singt.)* „Was mache ich anderes als trinken und feiern auf Kosten meines Mädchens, trallala, was mache ich anderes als trinken und feiern auf Kosten meines Mädchens –"

Risto. Hör nun auf zu trällern und hilf mir, den Stoff zu bündeln. Wenn wir Pech haben, kommt Johanna nach Hause, bevor wir ihn weggeschafft haben.

Toppo (schlägt mit dem Fuß den Takt). „Was mache ich anderes als trinken und feiern auf Kosten meines Mädchens, trallala, was mache ich anderes als trinken und feiern auf Kosten meines Mädchens – "

Risto. Du bist völlig verrückt, oder hast du heute morgen schon ein paar Schlückchen zuviel getrunken?

Toppo. „Der Mann ißt und der Mann bekommt das Seine, und auch Gott gibt dem Mann seinen Teil." Sind wir nun nicht gesegnet, da das, was wir vorher hatten, alle ist? Wir sind doch wirklich Glückspilze.

Risto. Aber ich bin ganz ratlos wegen dieses Stoffes, er ist noch so lang. Ich bringe ihn nicht in ein handliches Format. Und du singst dir den Mund fusselig mit dummem Zeug und hast keine Lust zu helfen.

Toppo. Du bist wirklich ein Dummkopf. Schau her. Was ist daran so schwierig? Du regst dich unnötig auf. So muß es klappen, so, und so. Ja, genau. Leg ihn schön über deinen Arm. Und jetzt schnell in die Kneipe. Mit so einem Stoff auf den Schultern kann man vor den Jungs angeben.

Risto. Hoffentlich kommt uns nicht Johanna unterwegs entgegen. Das gäbe einen Aufstand, bevor wir vorbeikämen.

Toppo. Keine Angst, sie kommt nicht. Wir haben Glück damit.

(Sie wollen gehen, als im gleichen Moment die Tür aufgeht und Leena-Kaisa eintritt.)

*Risto (erschrickt, springt hinter Toppo und versucht den Stoff
    zu verstecken).* Jetzt gibt es Ärger.

Toppo. Hulipit[11], sagte der Russe, als sein Bart brannte.

Leena-Kaisa. Grüß Gott! Warum erschrecken sie vor mir?

Leena-Kaisa. Ich hielt Sie für Johanna. Guten Tag!

Leena-Kaisa. Wo gehen Sie hin?

Risto. Irgendwohin. Wir wollten nur kurz in die Stadt.

Leena-Kaisa. Ist Johanna zu Hause?

Risto. Nein. Sie ist zu Frau Vörsky gegangen. Wegen irgend-
    einer Sache, denke ich.

Leena-Kaisa. Aber wie können Sie dann weggehen und das
    Kind allein lassen?

Risto. Zum Teufel! An das Kind habe ich gar nicht gedacht.

Toppo. Müssen Männer Kinder hüten? Das ist doch verkehrte
    Welt.

Risto. Vielleicht setzt sich Leena-Kaisa in der Zwischenzeit zu
    dem Jungen. Johanna kommt bestimmt bald, sie bleibt
    nicht lange weg.

Leena-Kaisa. Einerlei. Ich bleibe hier, wenn Sie weg müssen.

Risto. Dann laß uns also gehen, Toppo.

Toppo. Napletsoo[12], marsch! *(Sie gehen.)*

Leena-Kaisa: Warum versteckte er diesen Stoffballen so hin-
    ter seinem Rücken? Fürchtete er, meine Augen könnten
    ihn entführen? *(Setzt sich auf den Hocker und schaukelt
    mit dem Fuß die Wiege; nimmt einen Strickstrumpf aus
    ihrer Tasche.)* Das ist nicht Johannas Art. Daß sie sich
    traut, ihren Mann das Kind hüten zu lassen, während sie
    selbst sich herumtreibt. Wegen einer Sache, sagte Risto.
    Sicher! Wer's glaubt. Man unternimmt sonst etwas,
    wenn es einen in die Stadt zieht. Hoho, was für Leute.
    (Singt mit leiser Stimme.) „O Sorglose! Hörst du auf zu
    sündigen, wie lange schlummerst du schon unbeküm-
    mert in der Sünde? Oh, wach auf, wach auf, die Zeit ist
    schon gekommen, noch will Gott gnädig zu dir sein."

Johanna (kommt). Oh, Leena-Kaisa. Guten Tag!

Leena-Kaisa (dreht sich um). Möge Gott geben –

---

11 Russ. hulipit = sturzbetrunken.

12 Napletsoo! > russ. Militärjargon: Na pleço! = Das Gewehr
    auf die Schulter!

Johanna. Ich grüße Sie! Wie geht's?

Leena-Kaisa. Wie immer. Und dir selbst?

Johanna. Danke, daß Sie fragen. Mit Gottes Hilfe gibt es für uns jetzt einen neuen Anfang. Wissen Sie, ich hatte solches Glück, daß ich Stoff zum Weben bekommen habe. Vappu hat ihn mir von Frau Vörsky übergeben. Ein gesegneter Mensch, die Vappu.

Leena-Kaisa. Bezahlt Frau Vörsky viel für eine Elle?

Johanna. Nicht mehr als fünfundzwanzig Penni, aber immerhin. Wenn man von morgens bis abends über dem Stoff sitzt, webt man vier Ellen, und das macht schon eine Finnmark. Womit verdient unsereiner sonst etwas? Und davon können fast zwei Menschen leben. Schade nur, daß ich wegen des Kindes nicht immer so fleißig sein kann.

Leena-Kaisa. Dadurch wirst du daran erinnert, daß du nicht zu sehr nach den Gütern dieser Welt gierst.

Johanna. Das kann sein. Aber hören Sie, Leena-Kaisa. Glauben Sie nicht, daß ich reichlich Arbeit bekomme, wenn die Frauen mich erst einmal kennengelernt haben und sehen, was für Kleidung ich webe. Darüber bin ich so froh, daß ich es nicht in Worte fassen kann.

Leena-Kaisa. Freue dich nicht zu sehr über solche Nichtigkeiten. Sie bringen dich nicht in den Himmel.

Johanna. Das tun sie nicht, das ist allerdings wahr. Aber wenn der Broterwerb so mühsam ist, will die Seele ihm auch etwas Freude abgewinnen. – Frau Vörsky kommt gleich her, um ihren Stoff anzusehen. Man wird sehen, was sie davon hält. Sie kann an meiner Arbeit nichts auszusetzen haben, das versichere ich.

Leena-Kaisa. Immer kommst du auf deinen Stoff zurück. Du kannst gar nicht mehr über etwas anderes sprechen.

Johanna. Ja, so eine bin ich, ein Dummerchen. Ich muß schon selbst darüber lachen. Aber es ist nicht so merkwürdig, wenn man es recht bedenkt. Hier saß ich Tag und Nacht mit der Nadel in der Hand und wäre fast zusammen mit dem Kind vor Hunger gestorben. Wie friedlich es nun schläft, das arme Kleine, da es Essen bekommen hat.

Leena-Kaisa. Kümmerst du armer Mensch dich auch noch um deine unsterbliche Seele?

Johanna. Dazu ist, Gott möge es mir verzeihen, nicht viel Zeit. Seit ich meinen Sohn bekommen habe, habe ich es nicht einmal geschafft, in die Kirche zu gehen.

Leena-Kaisa. Das ist sehr schlimm. Denk nur, wenn du in diesem Moment sterben würdest, wohin kämest du dann?

Johanna. Ich habe keine Ahnung.

Leena-Kaisa. An einen schlechten Platz, ohne Gnade.

Johanna. Möge Gott uns vor einem plötzlichen Tod bewahren.

Leena-Kaisa. Allmählich wirst du so verstockt, daß du dich nicht mehr bessern oder Gottes Wort hören willst.

Johanna. Natürlich lese ich hier zu Hause ab und zu, Leena-Kaisa. Und ich denke auch daran, Gott dafür zu danken, daß ich so gute Tage habe. Viele andere arme Wesen haben viel mehr Mangel und Elend zu erleiden als ich.

Leena-Kaisa. Du bist also zufrieden. Es wird dir dann wohl entgangen sein, daß gesagt wird, Risto habe angefangen stark zu trinken.

Johanna. Die Leute wissen auch alles. Nun, es hilft nicht, zu lügen. Aber andere trinken doch auch. Und Risto ist trotzdem insofern gut, als er im Rausch nicht bösartig zu mir ist. Bösartige Männer mißhandeln ständig ihre Frau, aber Risto hat mich noch kein einziges Mal geschlagen.

Leena-Kaisa. Du bist jedenfalls viel demütiger geworden, als du es früher warst. Ich erinnere mich noch, was für ein Hitzkopf du an deinem Hochzeitstag warst.

Johanna. Der Lauf der Welt lehrt uns Selbstbeherrschung.

Leena-Kaisa. So ist es. – Was für einen Stoff hat Risto übrigens soeben in die Stadt getragen?

Johanna. Stoff? Ich weiß nicht. Aber ich wollte gerade fragen, war er noch zu Hause, als Sie herkamen?

Leena-Kaisa. Er war gerade im Begriff, mit Toppo wegzugehen. Wir sind in der Tür zusammengestoßen.

Johanna. Und Risto hatte Stoff auf der Schulter?

Leena-Kaisa. Ja. Es war ein schöner Stoff. Weiß mit blauen und roten Streifen.

Johanna. Merkwürdig. Ich kann nicht begreifen, was für ein Stoff das war. – Weiß, sagten Sie, mit blauen und roten Streifen. *(Geht zum Webstuhl, schreit auf und fällt auf den Webstuhl.)*

Leena-Kaisa. Nun, was ist jetzt? Johanna, was ist mit dir?

54

Johanna (versucht zu sprechen, kann aber nicht.)
Leena-Kaisa: Ist etwas passiert?
Johanna (stammelnd). Gütiger Gott, gütiger Gott –
Leena-Kaisa: Der Stoff?
Johanna. Sie haben mir Frau Vörskys Stoff weggenommen! –
all den vielen Stoff –
Leena-Kaisa. Ist das wirklich wahr? Nun, deshalb hat Risto
ihn auch hinter seinem Rücken versteckt.
Johanna. Was mache ich? Was mache ich Unglückliche jetzt?
Leena-Kaisa. Ich verstehe nicht. Aber reg dich nicht so auf.
Davon wird es nicht besser. Versuchen wir lieber,
irgendeinen Rat zu finden.
Johanna. Wenn wir sie aufhalten würden – wenn wir den Stoff
wegschaffen würden! Gute, liebe Leena-Kaisa, helfen Sie
mir. Haben Sie gesehen, wohin sie gegangen sind?
Leena-Kaisa: Geh nicht. Du triffst sie nicht mehr an.
Bestimmt haben sie ihn schon verkauft. Und wo würdest
du sie denn suchen?
Johanna. In der Kneipe, wo denn sonst!
Leena-Kaisa: Das ist völlig vergebens, glaub mir. Daraus ent-
stünde nur Streit zwischen euch, und so etwas vermeidet
man am besten. Die Leute geben dir schon die Schuld
dafür, daß Risto so trinkt.
Johanna. Mir? – Wie kann es meine Schuld sein?
Leena-Kaisa. Ich weiß nicht, aber das sagt man. Sie scheinen
auch nicht ganz unrecht zu haben, denn – nimm es nicht
übel, aber die Frau hat immer mehr oder weniger
Schuld, wenn der Mann trinkt. Wenn du anders wärest –
Willst du nun gehen?
Johanna. Ich muß unbedingt. Vielleicht kann ich ihnen
wenigstens das Geld abnehmen.
Leena-Kaisa: Du Ärmste, du kannst doch nicht in einem solchen Zustand gehen. Du siehst genauso aus wie der Tod.
Und du schwankst so sehr. Nein, bleib hier und versuche
wenigstens, dich etwas zu beruhigen. Ich könnte sie
holen gehen, aber ich weiß, daß es nichts nützen
würde. – Paß auf, was du tust.
Johanna. Ich? Ich tue doch gar nichts.
Leena-Kaisa. Du wirfst all deine Kleider zu Boden. Sieh dir
das an!

Johanna. Sind sie auf dem Boden gelandet? – Liebe Leena-Kaisa, ich bin verloren, mich rettet nichts – nichts.

Leena-Kaisa. Das war schlecht von Risto, ich kann nichts anderes sagen.

Johanna. Wenn er mich zum Krüppel geschlagen hätte, es wäre nichts gegen das hier. Ich ließe mich zu Tode prügeln, wenn ich nur den Stoff zurückbekäme.

Leena-Kaisa. Erst versuchen wir es auf eine Art, dann auf eine andere. Gott hat so viele Zweige wie Kinder.

Johanna. Wenn ich nur darauf vertrauen könnte, daß es von Gott kommt. Aber so ist es nicht. Gott hat sie nicht dazu gebracht, meinen Stoff zu stehlen. Das war eher ein böser Geist.

Leena-Kaisa. Gott hat es geschehen lassen, und du mußt seinem Willen gegenüber demütig sein. Und was macht es schon, wenn ein Mensch in diesem Jammertal wer weiß wie viel erleidet? Im nächsten Leben wird ihm alles zurückgezahlt. „Hier züchtigt er und dort hilft er", singen wir auch im Kirchenlied. Du solltest dich besser freuen, Johanna, davon wird deine Krone nur erhellt.

Johanna. Haben Sie gehört? – Jemand ist auf den Hof gefahren. – Frau Vörsky! *(Geht zitternd in eine Ecke).* – Lieber Gott – lieber Gott –

Leena-Kaisa (schaut aus der Tür). Hab keine Angst, dort ist niemand. Es kam sicher von der Straße. – Menschenskind, komm aus der Ecke heraus. Du verlierst noch ganz den Verstand, wenn du nichtige weltliche Dinge so betrauerst.

Johanna (schüttelt den Kopf). Das erhellt den Heiligenschein, sagten Sie. Oh, ich würde mich mit einem viel dunkleren Heiligenschein begnügen, wenn nur Risto mit dem Trinken aufhören und wie ein normaler Mensch leben würde – und wenn Frau Vörsky ihren Stoff zurückbekäme.

Leena-Kaisa: Hör einer an, du bist ein unbekümmertes Kind der Welt. Du arme Frau, dich muß Gott noch sehr züchtigen, bevor du den richtigen Weg einschlägst.

Johanna. Leena-Kaisa – jetzt ist jemand im Vorzimmer.

Leena-Kaisa (schaut aus der Tür). Das ist nur der Wind, der an der Außentür rüttelt.

Johanna. Sie ist bestimmt jeden Augenblick hier und dann –

dann bin ich verloren. Ich ertrage das nicht, Leena-Kaisa, es ist unmöglich.

Leena-Kaisa. Der, der dir die Last auferlegt hat, hilft dir auch, sie zu tragen.

Johanna. Geben Sie nicht Gott die Schuld an dieser Last. Das ist nur Ristos gutes Werk, aber er hilft nicht, es zu tragen.

Leena-Kaisa. Immer das gleiche Lied: es kommt nicht von Gott, es ist nicht Gottes Wille. Wie tief du armes Ding schon in die Sünde des Unglaubens gesunken bist!

Johanna. Aber das sagt doch schon der Verstand, daß Gott die Menschen nicht zur Schlechtigkeit zwingt.

Leena-Kaisa. Was ist dein Verstand? Blind, verfinstert. Er begreift nicht die Dinge, die zu Gottes Reich gehören. „Der Glaube muß den Verstand gefangen nehmen und zur Demut führen", sagt der heilige Paulus.

Johanna. Wenn ich wenigstens Geld hätte, so daß ich Frau Vörsky den Stoff bezahlen könnte!

Leena-Kaisa. Gibt es niemanden, von dem du etwas leihen könntest?

Johanna. Niemanden. – Doch, warten Sie –

Leena-Kaisa. Nun – ?

Johanna. Könnte ich Yrjö bitten?

Leena-Kaisa. Warum nicht? Es ist einen Versuch wert.

Johanna. Aber es ist so schwer. So furchtbar schwer.

Leena-Kaisa. Meiner Meinung nach ist es das nicht. Versprich zu fragen, er wird es dir geben, wenn er will.

Johanna. Nein, nein – ich kann mich nicht an ihn wenden.

Leena-Kaisa: Fürchtest du, daß er ablehnt?

Johanna: Das nicht. Aber es erscheint mir so unmöglich.

Leena-Kaisa. Nun, mach was du willst. Ich befehle dir weder noch verbiete ich dir etwas. Aber es wäre gut, wenn du Frau Vörsky Geld in die Hand drücken könntest, sobald sie kommt.

Johanna. Natürlich wäre es gut. Vielleicht wird sie dann nicht so zornig. – Sind jetzt draußen Schritte zu hören?

Leena-Kaisa (horcht einen Moment). Nein, deine Ohren trügen dich.

Johanna. Ja, wenn ich doch gleich Geld geben könnte. Vielleicht wenigstens – weil es Ihrer Meinung nach nichts wäre. – Leena-Kaisa, bitte gehen Sie zu Yrjö.

Leena-Kaisa. Natürlich werde ich gehen.

Johanna. Vielleicht schaffen Sie es, zurück zu sein, bevor die Frau kommt.

Leena-Kaisa. Ich bleibe nicht lange dort. *(Geht.)*

Johanna (schaut aus dem Fenster). Auf der Straße ist niemand zu sehen. *(Sieht aus der Tür.)* Hier auch nicht. – Vielleicht kommt sie noch gar nicht. Vielleicht kommt sie heute überhaupt nicht. Es kann etwas dazwischengekommen sein. Gäste oder anderes. *(Horcht; mit unterdrücktem Schrei:)* Ein Pferd ist durch die Pforte gekommen! – Das ist sie – das ist sie.

Frau Vörsky (kommt herein). Hier bin ich endlich. Ich habe mich so lange im Wollgeschäft aufgehalten, weil ich nicht richtig wußte, welche Wolle ich für ein Kleid nehmen sollte. Beim Weben muß unbedingt etwas anderes daraus gemacht werden. Sie sagten doch, es würden fünfundzwanzig Ellen gewebt? Ja, daraus wird das Beste für mich und die kleine Alma. Mehr ist nicht nötig. Hier habe ich einige neue Stoffstückchen. Was sagen Sie zum Beispiel zu diesem?

Johanna (nimmt mechanisch das Stoffstückchen in die Hand).

Frau Vörsky (gibt ihr ein anderes Stückchen). Und das? Das ist auch nicht schlecht. … Es sind wirklich wenig verschiedene Kettenfäden, aber das macht nichts. Vielleicht wird es auf den Ketten nur noch schöner. Oder was denken Sie?

Johanna. Vielleicht.

Frau Vörsky. Weben Sie ein Stück zur Probe, dann sehen wir es. Ich sitze solange hier. *(Wirft ihre Überkleider fort; setzt sich).* So, und dann kann ich Ihnen etwas Schönes erzählen. Im Wollgeschäft habe ich Frau Hanhinen getroffen, die Vorsitzende des Frauenvereins ist, und sie hat versprochen, Ihnen Arbeit für den ganzen Winter zu geben. Nicht gerade das Weben von Stoff, aber eine Näharbeit, und das ist genauso gut, nicht wahr? Natürlich können Sie nähen? Ja, wozu frage ich überhaupt. Sehen Sie, der Frauenverein hat eine große Bestellung von der Kaserne bekommen, und dafür braucht man tüchtige und zuverlässige Näherinnen. Na – Sie sagen ja gar nichts! Ich glaubte, Ihnen eine große Freude zu machen, wenn ich Ihre Bitte so bald erfülle.

Johanna. Gnädige Frau, hören Sie mich erst einmal an. Wenn
	ich es nur wagen würde –
Frau Vörsky. - darauf zu vertrauen? Sicher, wenn Frau Han-
	hinen es einmal versprochen hat.
Johanna. Nein, nein, das ist es nicht. Wenn ich nur wagen
	würde, Ihnen zu eröffnen –
Frau Vörsky. Eröffnen? Was? Was haben Sie, Johanna? Ist
	etwas passiert?
Johanna. Ja.
Frau Vörsky. Ein Unglück? Mit dem Stoff? Hoffentlich nicht!
	(Steht auf und geht zum Webstuhl). Du liebe Zeit, was
	ist das? Haben Sie ihn abgeschnitten?
Johanna. Er ist weg, gnädige Frau.
Frau Vörsky. Und wo ist er?
Johanna. Das ist gerade das Schlimme – er ist nicht mehr da.
Frau Vörsky. Nicht mehr da? Wie?
Johanna. Er wurde gestohlen. Ich kann nichts dafür, nichts.
Frau Vörsky. Gestohlen? Abgeschnitten und gestohlen? Fünf-
	undzwanzig Ellen Stoff! Nein, aber das ist doch –. Ich
	weiß nicht mehr, was ich denken soll.
Johanna. Ich habe großen Kummer gehabt, gnädige Frau.
	Wenn ich ihn nur auf irgendeine Weise zurückbekom-
	men könnte, aber es besteht keinerlei Hoffnung.
Frau Vörsky. So ein Unglück! Was wird jetzt mein Mann
	sagen. – Hiernach bekommen sie sicher keine Arbeit
	vom Frauenverein.
Johanna. Und auch von keinem anderen Menschen, das steht
	fest. Das Pech verfolgt mich in allem.
Frau Vörsky. Wann wurde er denn gestohlen? Daß Sie nicht
	sofort etwas gesagt haben!
Johanna. Es passierte genau zu der Zeit, als ich bei Ihnen war,
	gnädige Frau.
Frau Vörsky. Und wie ist der Dieb hereingekommen? War die
	Tür nicht abgeschlossen?
Johanna (schweigt).
Frau Vörsky. War die Tür nicht abgeschlossen, habe ich
	gefragt.
Johanna. Nein.
Frau Vörsky. Sie haben sie offen gelassen? Weswegen? Wie
	konnten Sie so leichtsinnig sein?

Johanna (schweigt).

Frau Vörsky. Sie haben auf diese Weise das Unglück heraufbeschworen. Ist es ein Wunder, daß gestohlen wird, wenn die Tür offen und niemand im Zimmer ist?

Frau Vörsky. Sie irren sich, gnädige Frau – so war es nicht.

Frau Vörsky. Wie war es dann? Sprechen Sie.

Johanna. Ich würde die Wahrheit sagen. Aber es ist so schrecklich schwer.

Frau Vörsky. Ich verstehe auch nicht, wie Sie Ihr Kind allein lassen konnten. So ein armes kleines Ding! In der Zeit hätte es sich zu Tode weinen können. Sie können Ihr Kind nicht lieben.

Johanna. Oh, gnädige Frau! Wer liebt das Kind, wenn nicht ich?

Frau Vörsky. Aber Sie haben ihn trotzdem stundenlang sich selbst überlassen. Eine schöne Liebe!

Johanna. Er war nicht allein.

Frau Vörsky. Nicht allein? Sie sprechen in Rätseln. Ah – nun wird mir alles klar. Sie betrügen mich, belügen mich die ganze Zeit. Sie selbst haben den Stoff beiseite gebracht. Ihre Furcht und Ihr Zittern verraten es. Ich Arme, an was für Leute bin ich geraten?

Johanna. Gute Frau, nehmen Sie es nicht so übel. Lassen Sie mich, ich erkläre Ihnen alles von Anfang an.

Frau Vörsky. Ich will nichts hören, ich glaube Ihnen überhaupt nicht mehr, weil Sie so furchtbar hinterhältig sind. Ich gehe sofort und erzähle die Sache meinem Mann. Ich überlasse alles ihm. Ja, es ist am besten, wenn eine feine und kultivierte Frau nicht mit verrohten und unehrlichen Leuten zusammenkommt. Vor Männern haben Sie sicher mehr Respekt. *(Zieht ihre Überkleidung an.)*

Johanna. Oh, oh, gnädige Frau, bleiben Sie noch einen Moment, damit ich Ihnen den Fall wahrheitsgemäß schildern kann.

Frau Vörsky. Ich glaube Ihnen nicht, wie ich schon sagte. Wie können Sie das erwarten, nachdem Sie all meine Güte so belohnt haben? Und was glauben Sie damit zu gewinnen? Sie haben sich selbst viel größeren Schaden zugefügt als mir.

Johanna. Wenn Sie nicht so hitzig wären –

Frau Vörsky. Fort, kommen Sie mir nicht zu nahe. Ich muß
weg von hier, sonst ersticke ich. *(Öffnet die Tür; im
Vorderzimmer ist Yrjö zu sehen, der der Frau den Weg
freigibt und hereinkommt, als sie gegangen ist.)*
Johanna. Yrjö, Gott sei Dank! Von dir bekomme ich Hilfe.
(Ins Vorzimmer hinter der Frau her.) Gnädige Frau,
gnädige Frau, warten Sie, kommen Sie zurück.
Frau Vörsky. Sie mühen sich umsonst. Matti, schnell zuerst zu
Vappu und dann nach Hause.
Johanna (kommt zurück.) Jetzt erzählt sie auch noch Vappu
alles in verdrehter Form. O nein, davon wird man ver-
rückt.
Yrjö. Was ist Ihnen passiert, Johanna? Ich mußte kommen, um
es von Ihnen selbst zu hören, denn Leena-Kaisas Reden
waren so seltsam, daß ich sie nicht glauben konnte. Aber
sie scheinen doch wahr zu sein, weil Sie so voller Ver-
zweiflung sind.
Johanna. Alles ist verloren. Ich weiß nicht mehr ein noch aus.
Yrjö. Beruhigen Sie sich. Vielleicht bringen wir die Sache in
Ordnung, wenn wir sie gemeinsam bedenken.
Johanna. Sie halten mich für eine Diebin. Bis jetzt haben alle
mir vertraut, nun wird das keiner mehr tun. Das beküm-
mert mich, ich ertrage es nicht mehr. Mein armes Kind.
Yrjö: Aber hören Sie doch, Johanna. Auf diese Weise darf ein
Mensch sich nicht der Verzweiflung hingeben. Das
schadet der Gesundheit.
Johanna. Jetzt ist sie bestimmt schon dabei, Vappu auszu-
schimpfen. So einen Lohn bekommt Vappu für ihre
Güte. Was sie wohl von mir denkt?
Yrjö. Nichts. Sie kennt Sie so gut. Ich gehe und erzähle ihr die
Sache. – Nein, wirklich, so geht es nicht. Sie müssen
versuchen, sich zu erholen, Johanna. *(Legt ihr die Hand
auf die Schulter.)* Sie sind eigentlich gar nicht in Not,
wenn Sie schärfer nachdenken. Ich gebe das Geld, Sie
bezahlen den Preis des Stoffes, und dann ist nichts mehr
zu sagen. Hören Sie?
Johanna. Ich höre. Aber kann ich Geld von Ihnen nehmen,
wenn ich nicht weiß, wann ich es zurückzahlen kann. Ich
kann nicht, nein, nein. Man soll mich lieber ins Gefängnis stecken.

Yrjö. Man steckt Sie auf keinen Fall ins Gefängnis, da können
  Sie unbesorgt sein. Und was die Rückzahlung betrifft,
  darüber brauchen Sie sich nicht weiter den Kopf zu zer-
  brechen. Ich werde nicht ärmer dadurch, auch wenn ich
  nicht das ganze Geld zurückbekomme. *(Beugt sich über
  Johanna.)* So, Johanna, nun seien Sie vernünftig. Hier
  ist mein Geldbeutel. Darin sind fünfundzwanzig Finnmark, mehr kostet der Stoff sicher nicht. Nun, Johanna,
  woran zweifeln Sie?
*Lotterliese (kommt plötzlich durch die Tür, bleibt augenzwin-
  kernd stehen).* Oho! Risto hatte also Recht, als er sagte,
  daß man ihn hier nicht vermissen würde. Nun ja, wozu
  zögere ich dann noch?
Johanna. Wer ist da?
Yrjö. Nur dieses alberne Mädchen. Haben Sie keine Angst.
  Was gibt's?
Lotterliese. Nur Albernheiten. Ich will nur mitteilen, daß Sie
  nicht mehr für Risto verantwortlich sind. Ich kümmere
  mich jetzt um ihn. Leben Sie wohl.
Johanna. Will sie Risto etwas antun?
Yrjö. Was weiß ich! Gerede einer Halbverrückten. Und Risto
  paßt schon auf sich selbst auf; denken Sie an Ihre eigenen Angelegenheiten. Ich drücke Ihnen den Geldbeutel
  mit Gewalt in die Hand, wenn Sie ihn nicht im Guten
  annehmen. So! Und jetzt müssen Sie dieser Frau den
  Preis für den Stoff auf Heller und Pfennig bezahlen,
  damit sie Sie nicht länger beleidigen kann. Sie dürfen
  nicht so furchtsam und scheu aussehen. Seien Sie nur
  mutig, Sie haben nichts Schlechtes getan. Auf dieser
  Welt muß man sich wehren, sonst kommt man nicht
  zurecht.
Johanna. Sie haben gut reden, Sie sind ein Mann. Für uns
  Ehefrauen ist es anders. Was können wir ausrichten?
Yrjö. Versuchen Sie es, versuchen Sie es wenigstens. Sie sind
  auch Menschen, vergessen Sie das nicht. – Da kommt
  sie wieder auf den Hof gefahren. Vielleicht ist es am
  besten, wenn ich gehe. Sie braucht nicht zu wissen, daß
  Sie das Geld von mir bekommen haben. Leben Sie nun
  wohl, Johanna. Lassen Sie sich nicht von ihr auf der
  Nase herumtanzen, merken Sie sich das. Seien Sie ein-

mal um Ihrer selbst willen ein Mann. Versprechen Sie
mir das?

Johanna. Ich versuche es.

Yrjö. Nun gut. Ich gehe dann.

Johanna (nimmt noch seine Hand). Yrjö, Gott segne Sie!

Yrjö. Danke! *(geht.)*

(Herr und Frau Vörsky sowie Frau Hanhinen kommen herein.)

Frau Hanhinen. War das ihr Mann?

Frau Vörsky. Nein, das war jemand anders. Komm und sieh
dir das an, Ville. Der Stoff ist abgeschnitten und gestohlen worden. Fünfundzwanzig Ellen. Ich bin so beküm-
mert, daß es mich zum Weinen bringt.

Herr Vörsky. Mußtest du den Stoff auch unbedingt x-beliebi-
gen Leuten anvertrauen? Habe ich es dir nicht oft genug
gesagt?

Frau Vörsky. Warum hätte ich ihr mißtrauen sollen, wenn
Vappu sich so für sie verbürgt hat?

Herr Vörsky. Von Rechts wegen müßte Vappu den Stoff nun
selbst bezahlen.

Frau Hanhinen. Was sagt Vappu zu dieser Sache?

Frau Vörsky: Was schon! Sie ergreift die Partei dieser Person
und glaubt nichts Schlechtes von ihr. Es hätte nicht viel
gefehlt, und sie hätte mich eine Lügnerin genannt.

Herr Vörsky. Sie hat Vappu wohl ebenso getäuscht und an der
Nase herumgeführt wie dich, nehme ich an. Sie muß
eine ganz Gerissene sein.

Frau Hanhinen. So ist die niedere Bevölkerung der Stadt im
allgemeinen. Man lernt sie schon kennen, wenn man so
viel mit ihnen zu tun hat wie zum Beispiel ich.

Herr Vörsky. Ist es die, die dort steht?

Frau Vörsky. Das ist sie.

Frau Hanhinen. Man sieht schon am Gesicht, daß sie kein
guter Mensch ist. So ein unruhiger Blick ist immer ein
Zeichen für ein schlechtes Gewissen.

*Herr Vörsky (sieht Johanna scharf an und tritt ein paar
Schritte auf sie zu).*

Frau Vörsky (zu Frau Hanhinen gewandt). Oh, wie peinlich
das ist. Mir ist ganz unbehaglich zumute.

Frau Hanhinen. Mach dir keine Gedanken. Solche muß man
hart anfassen, sonst wären wir verloren.

Herr Vörsky. Nun, du Frauenzimmer! Wo bist du mit unserem Stoff abgeblieben?

Johanna (erschrickt). Ich bin nicht – nicht – ich nicht – diesen –

Herr Vörsky (stößt seinen Stock auf den Boden). Raus mit der Sprache! Wo ist der Stoff?

Johanna (stotternd). Ich – weiß nicht, wo er ist.

Herr Vörsky. Du weißt es nicht? Nicht?

Johanna. Nein.

Herr Vörsky. Und wenn ich dir eine kleine Tracht Prügel verpasse? Vielleicht fällt es dir dann wieder ein.

Frau Vörsky. Bitte tu das nicht, Ville. Mir wird übel davon.

Herr Vörsky. Natürlich muß sie ein paar Hiebe bekommen!

Frau Vörsky. Nein, nein, tu es nicht. Meinetwegen, Ville. Ich befürchte schon schlimme Folgen für meine Gesundheit von all diesen Aufregungen.

Herr Vörsky. Wozu bist du hergekommen, wenn du so zartbesaitet bist? Du hättest doch wegbleiben können.

Frau Hanhinen. Herr Vörsky, ich bitte Sie um dieser Elenden willen. Sie verdient wirklich eine empfindliche Bestrafung, es wäre nicht zuviel. Aber uns fiele es so schwer, es mitanzusehen.

Herr Vörsky. Ihr Frauen habt ein weiches Herz. Nun gut, dann sei es so. Du kannst diesen Frauen danken, daß du um die Prügel herumkommst. Aber glaube nicht, daß die Sache damit erledigt ist. Ich ziehe dich zur Rechenschaft. Du bekommst eine Geldstrafe, die sich gewaschen hat. Und dann wirst du dafür zu Gefängnis verurteilt. Auf Wasser und Brot gesetzt. So! Du wirst in Fesseln liegen, das verspreche ich. Dann wird man sehen, ob du noch einmal bessere Leute betrügst.

Johanna. Ins Gefängnis? – Lieber Vater im Himmel! Daß es nicht in solchem Unglück endet!

Herr Vörsky. Aha! Du merkst allmählich, daß das hier eine ernste Sache ist.

Johanna. Wofür soll man mich ins Gefängnis stecken! Ich habe in meinem Leben noch niemandem ein Unrecht getan, niemanden bestohlen oder betrogen. Fragen Sie diejenigen, die mich kennen, wenn Sie mir nicht glauben. Ich habe immer versucht, mich mit ehrlicher Arbeit durchzuschlagen, das müssen alle bestätigen.

64

Herr Vörsky. Du wagst es, mir ins Gesicht zu lügen? Ich werde dich lehren!

Johanna. Ich hätte Ihnen die Wahrheit gesagt. Ich hätte alles bekannt, von Anfang bis Ende, aber Sie haben es nicht geglaubt. Sie wollten nicht hören, was ich zu meiner Verteidigung vorzubringen habe.

Herr Vörsky. Hör auf, Unsinn zu reden, oder ich –

Johanna. Verweigern Sie mir keine Gerechtigkeit! Erbarmen Sie sich wenigstens um meines Kindes willen. Was wird aus ihm, wenn seine Mutter ins Gefängnis kommt? Soll er zu Fremden kommen, dieser Kleine, der noch nicht einmal vier Monate alt ist?

Frau Vörsky. Ja, bedenkt, sie hat ja ein Kind. Was für ein Mensch wird aus dem armen Ding, wenn es von einer so schlechten Mutter großgezogen wird? Wenn es von klein auf an um sich herum nur Schlechtigkeit zu sehen bekommt?

Frau Hanhinen. Wir würden ein gottgefälliges Werk tun, wenn wir es aus den Händen seiner elenden Mutter retten würden. Ich werde dem Frauenverein von der Sache berichten.

Johanna. Sie wollen mir mein Kind wegnehmen? Nie im Leben gebe ich es her! Und wenn mir die ganze Welt entgegentreten würde. Sie sind furchtbare Bestien. – Nein, nein, ich bin durcheinander, ich weiß nicht mehr, was ich sage. Nehmen Sie es mir nicht übel. Haben Sie Mitleid mit mir unglücklicher Frau. – Ach, daran habe ich gar nicht gedacht. Ich habe doch Geld hier, fünfzig Finnmark. Doppelt so viel, wie der Stoff kostet. Nehmen Sie es, mein Herr, nehmen Sie alles. Söhnen Sie sich aus. Um Gottes willen, geben Sie Ihrem Herzen einen Stoß. Was nützt es Ihnen, wenn Sie mich ins Gefängnis stecken und mir das Kind entreißen? Guter gnädiger Herr, hier ist das Doppelte des Stoffpreises.

Herr Vörsky. Was für ein Wortschwall! Nun, was machen wir? Stimme ich zu? Und nehme ich das Geld? Du weißt es besser, reicht es, um den Schaden zu begleichen?

Frau Vörsky. Nimm es nicht, bevor du weißt, woher sie es hat.

Johanna. Ich habe es nicht gestohlen, machen Sie sich keine Sorgen. Nehmen Sie nur, mein Herr. Keiner wird es von Ihnen zurückverlangen.

Frau Hanhinen. Ich ahne etwas.

Frau Vörsky. Ich auch, ich auch. Oh, oh, das wird ja immer schlimmer, immer schlimmer.

Herr Vörsky. Wie? Daß – ?

Frau Hanhinen. So eine Person hat noch andere schlechte Angewohnheiten.

Herr Vörsky. Ah! Sehr wahrscheinlich. Wer war der Mann, der so eilig vor uns von hier geflohen ist?

Frau Hanhinen. Genau das meine ich. Glauben Sie mir, von ihm ist das Geld.

Frau Vörsky. Was für eine abgrundtief schlechte Moral! Ville, Liebling, laß uns gehen! Ich fange schon an, mich schlecht zu fühlen. Hier scheint sogar die Luft verpestet zu sein. Du kannst doch auf dem Rechtsweg Entschädigung von ihr verlangen.

Frau Hanhinen. Wirklich, hier sollte die Seele eines Menschen sich nicht länger aufhalten.

Herr Vörsky. Also gehen wir. *(Die Frauen gehen.)* Du hörst noch von mir, du Weibsbild.

Johanna (auf den Knien). Mein Herr, mein Herr, mein guter Herr, gehen Sie nicht ohne Versöhnung. Nehmen Sie das Geld, die Kleider, alles, was ich habe –

Herr Vörsky (während er durch die Tür geht). Halt den Mund – du Hure!

Johanna. Oh! Oh! *(Wirft sich zunächst auf den Boden, aber steht dann plötzlich auf).* Hure, hat er gesagt. *(Schaut auf den Geldbeutel in ihrer Hand.)* Hure und Diebin. *(Wirft den Beutel weit von sich auf den Boden).* Hat auch Gott mich verlassen? Keine Hilfe, keine Zuflucht auf irgendwo auf der Welt? Dürfen mich denn alle unterdrücken und mit Füßen treten? Und auch mein Kind rauben sie mir. Meinen eigenen wunderschönen Sohn. Nein – nicht um alles in der Welt. Das machen sie nicht. Risto kommt nach Hause. Er hilft mir, er ist der Vater des Kindes. Ja, ja! Dieses Unglück, das er über mich gebracht hat, wird ihn aufrütteln, und er hilft, er verteidigt das Kind und mich. Wenn er nur bald käme. Dieser Schmerz – dieses – hss – still! Von der Straße sind Stimmen zu hören. Er kommt schon – er kommt schon.

Toppo (singt, während er am Fenster vorbei ins Vorzimmer geht.) „Mein Liebster hat mich verlassen, hat sich mit einer anderen eingelassen. Und ich trauere ihm nicht nach, sondern lache die ganze Woche." *(Kommt herein.)* Guten Tag, du arme Schrapnelle! Nehmen Sie es mir nicht übel, wenn ich ein bißchen betrunken bin. Sehen Sie, wir haben auf den Abschied getrunken.

Leena-Kaisa (kommt hinter Toppo her.) Ja, hast du es schon gehört, Johanna?

Toppo: Deshalb hat die Leena-Kaisa mich doch hierher gebracht. Um Grüße von Risto auszurichten. Ja! „Mein Liebster hat mich verlassen, hat sich mit einer anderen eingelassen – "

Leena-Kaisa. Sei still, sing nicht dauernd solche Gassenhauer. – Dein Maß ist noch nicht voll, arme Johanna. Jetzt kommt erst das Schlimmste. Hältst du es aus, es zu hören?

Johanna. Was? Sagen Sie es sofort.

Toppo. Risto paa helsa so mykky. Vara porta, vara porta![13] Über alle Berge mit der Lotterliese.

Leena-Kaisa. Stell dir das vor! Ist der Mann noch gescheit? Verschwindet einfach mit einer halbverrückten Frau, um die Welt zu erkunden.

Johanna. Mit welcher Frau? Was redet ihr?

Toppo. He, mit der Lotterliese, verstehen Sie nicht? Viele Grüße trotzdem. Obwohl er sie nicht direkt ausgerichtet hat. Er dachte an nichts mehr vor lauter Freude, als er mit seinem früheren Mädchen zusammenkam. Ja, er hat euch eurem Schicksal überlassen. Aber machen Sie sich nichts draus. Singen Sie einfach: „Mein Liebster hat mich verlassen, hat sich mit einer anderen eingelassen. Und ich trauere ihm nicht nach, ich lachte die ganze Woche."

Johanna. Risto ist weg? Nein, das ist nicht wahr. Das kann nicht wahr sein. Leena-Kaisa, wie können Sie so bereitwillig das Geschwätz eines Betrunkenen glauben?

---

13 Verballhorntes Schwedisch, es hieße eigentlich: Risto hälsar så mycket. Han är borta, han är borta! = Risto grüßt herzlich. Er ist weg, er ist weg!

Leena-Kaisa: Das haben auch andere erzählt, nicht nur Toppo. Er hat den Männern zum Abschied eine Runde ausgegeben und gesagt, daß man ihn dort nun lange Zeit nicht sehen würde. – Ja, ja! Gottes Zorn trifft dich hart, arme Johanna. Aber nimm alles mit demütigem Herzen hin und denk daran, daß er dich nur aus Liebe züchtigt.

Johanna (sinkt auf den Hocker neben der Wiege). Dein Vater hat uns verlassen. Ein schlechter, schlechter Vater!

Leena-Kaisa. Risto kann man nicht so viel vorwerfen. Diese Schlampe – ich sage so etwas nicht einfach so – war nur deshalb in die Kneipe gekommen, um ihn davonzulocken. Natürlich können solche einen Mann umgarnen. Ist es dann ein Wunder, daß ein Mann in sie vernarrt ist?

(Johanna sinkt zu Boden.)

Leena-Kaisa. Aber gib dich nun nicht dem Kummer hin. Was machst du auf dem Boden? Hör, meine Liebe, was hast du?

Johanna. Nichts, nichts.

Toppo (schaut den Stoff an). Lieber Himmel! Sei nicht naiv, Toppo. Nicht, wenn es um diese Männer geht. „Mein Liebster hat mich verlassen, hat sich mit einer anderen eingelassen –“

Leena-Kaisa. Still, Toppo! Schauen Sie nur her. Das sieht nicht gut aus. Steh auf, Johanna. Wie du auf solche Weise – Steh auf.

Johanna. Ich kann nicht. Der Boden dreht sich so.

Leena-Kaisa. Da haben wir es. Sie ist krank.

Johanna. Ich bin nicht krank. Der Kopf brennt nur, wenn die Krone erleuchtet wird. Der ganze Kopf steht in Flammen. Bringt sie weg, bringt sie weg.

Leena-Kaisa. Sie phantasiert. Nun, jetzt ist alles aus.

Johanna. Die Frauen – mein Sohn, helft! Sie haben mein Kind geraubt. Dort, dort. Sie laufen und lachen. Nehmt sie fest. Ich kann nicht, ich schaffe es nicht. Schlagen sie mich nicht, mein Herr. Risto, Risto, komm und hilf mir. Er hat einen so dicken Stock.

Toppo. Oho, sie ist schlimm dran.

Johanna. Furchtbar finster. Ich finde nicht nach Hause. Auch Risto ist verschwunden. Er hat mich zurückgelassen in der Wildnis, im Dunkeln. Die Räuber lauern schon im Gebüsch. Hat keiner Erbarmen? Hört ihr? Das Kind weint. Der Herr tut ihm weh. Oh, oh, helft mir, liebe Leute.

Toppo (wischt sich die Augen). Die arme Frau!

Leena-Kaisa. Kommen Sie, helfen Sie, sie zu Bett zu bringen.

Toppo: Ich komme, ich komme. Du weißt, Leena-Kaisa, wir Männer sind so nutzlos. Das muss man zugeben.

Leena-Kaisa. Kümmern Sie sich jetzt darum. Helfen Sie mir, allein bekomme ich sie nirgendwo hin.

Toppo. Heben wir sie gemeinsam auf, heben wir sie auf.

Johanna. Weg, weg! Tun Sie mir nichts!

Toppo. Nein, keine Angst. Wir legen Sie nur vorsichtig auf das Bett. So! Die Arme! Kann das Typhus sein?

Leena-Kaisa. Wer kennt sich schon mit ihr aus! Wenn wenigstens Risto zu Hause wäre.

Toppo. Ja, das kann man wohl sagen. Dass er auch ausgerechnet jetzt gehen musste. Aber wie hätte der Ärmste das ahnen können. Sehen Sie, da auf dem Boden liegt ein Geldbeutel. Und er ist nicht leer. Hier, nehmen Sie ihn und bewahren Sie ihn auf. Das wird von gutem Nutzen sein, wenn der Typhus kommt.

Leena-Kaisa. In der Tat! Es ist vom Himmel gesandt.

Johanna. Es brennt – es brennt –

Leena-Kaisa. Lauf und hol den Arzt, Toppo.

Toppo: Sicher, sicher. Ich bin doch ein anständiger Mann. Ich bin schon so gut wie weg. Natürlich bringe ich den Arzt her, Leena-Kaisa. O je, was für ein Elend. *(Geht.)*

Johanna: Weg mit dem Heiligenschein, weg! Es brennt – es brennt – es brennt.

(Vorhang)

5. Akt

*(Die gleiche Wohnung. Leena-Kaisa räumt das Zimmer auf.
Risto kommt durch die Tür.)*

Leena-Kaisa. Na, da kommt er ja endlich, Gott sei Dank!
Weißt du, was hier vor kurzem passiert ist?

Risto. Ein Kind hat es mir auf dem Hof erzählt. Wer hätte so
etwas ahnen können. Sie war noch ganz gesund, als ich
von zu Hause weggegangen bin.

Leena-Kaisa. Kein Mensch weiß, wann seine Zeit gekommen
ist. Heute noch gesund, morgen kommt der Sensenmann.
Aber lasst uns das eine Warnung sein, dass wir nicht
unsere Tage in Sorglosigkeit verbringen, sondern uns
ganz dem Seelenheil widmen, denn „das Leben ist nur
ein Hauch von Staub und die Wollust flüchtig wie der
Lauf eines Flusses“.

Risto. Ja, Johanna konnte auch nicht wissen, dass sie so früh
sterben würde, das ist sicher.

Leena-Kaisa. Sei mir nicht böse, Risto, wenn ich es dir sage –
aber du hättest nicht so von ihr weggehen dürfen.

Risto. Das habe ich schon selbst bereut, als ich gehört habe,
was passiert ist. Aber das ist jetzt nicht mehr zu ändern.
Was passiert ist, ist passiert. – Gewiss war die Verstorbene traurig darüber.

Leena-Kaisa. Nein, ganz und gar nicht. Sie war schon im
Delirium, als man ihr von der Sache erzählt hat. Sie wird
es kaum noch ganz begriffen haben.

Risto. Das ist auch gut so.

Leena-Kaisa. Aber wegen des Stoffes hatte sie großen Kummer. Sie fürchtete sich schrecklich vor der einflussrei-
chen Frau.

Risto. So, der Stoff, siehst du! Das stimmt allerdings. Das hat

70

ihr wirklich Sorgen gemacht. Nun ja, das hätten wir
doch bestimmt nicht getan, wenn wir es gewusst hätten.
Aber hätte sie – die Verstorbene also – sich nicht denken können, dass wir ihn nicht verkauft hatten, sondern
nur verpfändet? Sie fürchtete die Frau, sagen Sie? Ja,
das glaube ich. Johanna war sehr ängstlich und sorgte
sich über allen möglichen Unsinn, der schon Ewigkeiten
zurücklag. War sie mir deshalb sehr böse?

Leena-Kaisa. Nicht so schlimm. Sie war dir sogar dankbar.
Sie sagte, dass du sie kein einziges Mal geschlagen oder
schlecht behandelt habest, wie es so viele Männer mit
ihren Frauen machen.

Risto. Sagte sie das? Es ist auch wirklich wahr. Wir haben in
Harmonie miteinander gelebt. Ernsthaften Streit hat es
zwischen uns nie gegeben.

Leena-Kaisa. Das spricht für dich. Wenn du auch in anderer
Beziehung ein bißchen geirrt hast, muss man es dir
nachsehen. Das Fleisch ist schwach, und die Versuchun-
gen sind groß. Du brauchst dir nicht vorzuwerfen, deine
Frau hart angefasst, misshandelt oder sonstwie gequält
zu haben, wie man es hier – was um so schlimmer ist –
oft hört und sieht.

Risto. Nein, der Meinung bin ich auch. Was das betrifft, habe
ich einen guten Charakter, so dass ich nicht hingehe und
einen anderen Menschen schlage. Hat Johanna vor ihrer
Erkrankung davon gesprochen?

Leena-Kaisa. Ja, kurz davor. Dann hatte die Ärmste nicht
mehr die Kraft, sich um etwas anderes zu sorgen als ihr
Kind. Darüber hat sie phantasiert, und dem galten ihre
ersten Gedanken, als sie wieder etwas klarer im Kopf war.

Risto. Zu Recht! Was kommt mit diesem Kind auf mich zu?

Leena-Kaisa: Darüber habe ich mir gerade den Kopf zerbro-
chen.

Risto: Wenn es doch nur schon älter wäre, gäbe es keine
Schwierigkeiten. Ich würde es zum Betteln schicken,
wenn sonst nichts ginge. Aber so ein armes Würmchen!
Was soll ich mit ihm anfangen? Nein, jetzt ist das Spiel
aus. Würde man es im Armenhaus nicht aufnehmen?

Leena-Kaisa. Ich glaube nicht. Aber weißt du, was Johanna
hoffte?

Risto. Raus mit der Sprache!

Leena-Kaisa. Dass Vappu die Erziehung des Jungen über-
nimmt.

Risto. Würde die das denn tun?

Leena-Kaisa. Fragen kann man immer. Ich könnte das Kind
zu ihr bringen und darüber sprechen. Wer weiß, vielleicht erbarmt sie sich.

Risto. Das wäre eine feine Sache. Dann wäre ich die Sorge um
den Jungen los.

Leena-Kaisa. Also gehe ich.

Risto. Tun Sie das. Ich komme nach, sobald ich mich ein bisschen frisch gemacht habe.

Leena-Kaisa: Keine Sorge. Wenn Vappu dieser Sache nicht
ablehnend gegenübersteht, bringe ich das Kind sofort
weg. *(Nimmt das Kind aus der Wiege auf den Arm).*
Armer Kleiner! Er ist doch ein schönes Kind.

Risto. Bestimmt nimmt Vappu ihn auf, Sie werden sehen. Aus
ihm wird noch ein Pfarrer, wenn es gut geht.

Leena-Kaisa. Er schläft so fest, dass er nicht aufwacht. Nun
verliere ich lieber keine Zeit.

Risto. Richtig, richtig! Das da – nun – was muss ich wieder
sagen, ohne zu lügen. So! Wenn es passt, dann erwäh-
nen Sie Vappu gegenüber ganz nebenbei, wie gut ich zu
meiner früheren Frau war. – Wenn es sich ergibt, meine
ich.

Leena-Kaisa. Warum nicht? Aber denkst du jetzt etwa schon
an die nächste, obwohl die vorige noch nicht erkaltet ist?

Risto. Na, machen Sie sich darüber keine Gedanken. Gehen
Sie nur und tun Sie, was ich gesagt habe. Ich komme
auch noch hin.

Leena-Kaisa. Wenn ich länger weg bleibe, dann kannst du dir
denken, daß Vappu mit dem Vorschlag in bezug auf das
Kind einverstanden ist.

Risto. Gut, gut! *(Öffnet die Schranktür, nimmt Spiegel und
Kamm heraus und fängt an, seine Frisur in Ordnung zu
bringen.)* Ich bin doch ein stattlicher Mann. *(Schaut in
den Spiegel).* Was sollte es für einen Grund für mich
geben, keine Frau mehr zu begehren? Man wird schon
sehen. *(Geht zum Fenster.)* Wer ist da? Aha, Toppo!
Komm herein, Taugenichts.

Toppo (kommt). Du bist schnell zurückgekommen.

Risto. Ja. Es macht keinen Spaß, sich bei dem Herbstwetter herumzutreiben. Das Elend war hart.

Toppo. Und die Lotterliese hat dich weggeschickt.

Risto. Ich bin geflohen. Denkst du, dass ich sie auf andere Weise losgeworden wäre? Gewiß nicht! So ein Mädchen ist sie.

Toppo. Aber wehe dir, wenn sie dir doch noch nachkommt.

Risto. Soll sie es nur versuchen. Natürlich fällt mir ein Kniff ein, wenn es richtig Ärger gibt. Ich bringe das Mädchen ruckzuck in den Knast. Aber sie kommt nicht. Was kann sie mir schon anhaben, das weiß sie sicher.

Toppo. Du hast Glück, wenn du so leicht davonkommst. Dieses Mädchen hat eine feurige Natur. Ich fürchte, dass es sich nicht auszahlt, zu viele Spiele mit ihr zu treiben.

Risto. Pfff!

Toppo. Na, und deine Alte ist gerade jetzt gestorben.

Risto. So ist es.

Toppo. Du Hundsfott trauerst sicher nicht lange, du schnappst dir die nächste, sobald du eine kriegst.

Risto. Das ist sicher! Was bringt das Trauern? Es wird nicht lange dauern, bis ich eine Neue habe.

Toppo. Hör einer an! Ein Wunder, daß sie nicht schon da ist!

Risto. Schau aus dem Fenster, sieht man da schon Leena-Kaisa zurückkommen?

Toppo. Was? An sie denkst du jetzt?

Risto. Leena-Kaisa? Bist du verrückt?

Toppo. Na, ich dachte schon! Auf der Straße ist niemand zu sehen.

Risto. Gut so.

Toppo. Warum bist du so geschäftig und putzt dich so fürchterlich auf? Willst du irgendwo hin?

Risto. Ich habe vor, zu dieser Vappu gehen.

Toppo (pfeift). Hö–hö–hö–hö–rt! Zu Vappu also. Darunter macht er's nicht! „Die Schweine wühlen dieses Jahr in hohen Gefilden", sagte Lillqvists Berggipfel.

Risto. Gib du nur Ruhe. Wer nicht wagt, der nicht gewinnt. Keiner weiß, wie es gehen wird. Lass uns die Jacken tauschen, ich muss blitzsauber aussehen.

Toppo. Du kriegst sie nie. *(Sie tauschen die Jacken.)* Ich will

Matti heißen, wenn Vappu sich für dich interessiert. Das glaube ich niemals.

Risto. Dann lass es, keiner zwingt dich! – Oh, verflixt! Hier ist kein Wasser, und ich müßte mir doch das Gesicht waschen.

Toppo. Ich hole Wasser vom Brunnen. Hast du ein Gefäß?

Risto. Nirgendwo eins in Sicht! Sieh dich auf dem Hof nach einem Eimer um und füll ein, soviel du tragen kannst.

Toppo (geht).

Risto (steht mit dem Rücken zur Tür und schaut in den Spiegel). Es war nicht zu hören, wie Leena-Kaisa zurückkommt. Das Kind wurde also angenommen. Und dann wäre es doch komisch, wenn sie nicht auch den Vater haben wollte. (*Die Tür geht auf, Risto zuckt zusammen und dreht sich um.*) Nun, wer kommt jetzt? Nein – die Lotterliese! Ach du Schande!

(*Die Lotterliese steht wortlos da.*)

Risto. Was machst du hier?

(*Die Lotterliese einen Revolver in ihrer Hand.*)

Risto. Was machst du hier, habe ich gefragt!

Lotterliese. Ich bin gekommen, um Abschied von dir zu nehmen.

Risto: Abschied? Ach so. Meinetwegen, wenn du nichts weiter willst. Du hast einen schlechten Zeitpunkt erwischt.

Lotterliese. Wieso?

Risto. Ich bin gerade dabei, aufzubrechen.

Lotterliese. Es dauert nicht lange.

Risto. Nicht? Nun, das ist etwas anderes. Aber du siehst so seltsam aus. Und – was hast du da in der Hand?

Lotterliese. Das ist der Revolver meines Onkels. Ein gutes Fabrikat.

Risto. Warum läufst du damit herum?

Lotterliese. Ein solches Gerät ist sehr treffsicher.

Risto. Du gehst so unvorsichtig damit um. Ist er geladen?

Lotterliese. Ja.

Risto. Leg ihn aus der Hand. Mit Schusswaffen spielt man nicht.

Lotterliese: Warum nicht?

Risto. Du erschießt dich noch selbst.

Lotterliese. Oder dich.

74

Risto: Ja, oder mich.

Lotterliese. Oder uns beide. Wo gehst du hin?

Risto. Ich gehe nur ein bißchen spazieren. Ich komme sicher bald zurück.

Lotterliese. Wenn du dich vom Fleck rührst, schieße ich sofort.

Risto. Du hast das Böse in dir, Kerttu.

Lotterliese. Was soll anderes drin sein?

Risto. Das fürchte ich gerade. In dir brodelt immer dieses Zigeunerblut. Versuch dich zu beruhigen, Kerttu, Liebling, versuch es um Himmels willen.

Lotterliese. Umsonst. Der Himmel ist nicht für mich gemacht.

Risto. Ich verspreche dir alles, wenn du dich nur in Geduld fasst.

Lotterliese. Auf Versprechen vertraue ich nicht.

Risto. Ich wollte dich nicht verlassen, Kerttu, wenn du auch vielleicht diesen Eindruck gewonnen hast, als ich so überstürzt gegangen bin. Sobald Johanna unter der Erde ist, heirate ich dich, das steht fest.

Lotterliese. Wir kommen erst zusammen, wenn wir die Kartoffeln von unten betrachten, nicht vorher.

Risto. Also, was denkst du jetzt, Kerttu. Ich führe dich zum Altar, und du wirst die Frau eines ehrenwerten Mannes. Du stündest dann auch nicht mehr vor der ganzen Welt als elendes Geschöpf da, so wie du es bisher tust.

Lotterliese. Zweimal hast du mich betrogen. Ein drittes Mal tust du es nicht.

Risto. Hör nur, was ich sage. Um Gottes willen, schieß nicht. Warte wenigstens einen Augenblick. Du siehst doch, dass ich mich nicht von hier wegrühren kann, selbst wenn ich wollte.

Lotterliese. Dann sprich!

Risto. Wenn ich nur wüsste, was du eigentlich willst. Bei meiner Seele, ich wäre zu allem bereit. Sag, willst du irgend etwas?

Lotterliese. Ja.

Risto. Was? Kerttu, was willst du?

Lotterliese. Rache.

Risto (*reibt sich die Stirn, abgewandt*). Wo bleibt Toppo?

Lotterliese. Hast du noch etwas anderes zu sagen?

Risto. Ja. Viel sogar. Aber du jagst mir solche Angst ein, daß ich kaum einen Ton herausbringe. Leg endlich den Revolver weg! Kerttu-Liebling, tu es.

Lotterliese. Nein.

Risto. Nimm dir einen Stuhl, und setz dich zu mir.

Lotterliese. Nein. Lass es uns zu Ende bringen. Die Zeit vergeht umsonst.

Risto. Nein, warte! *(Toppo kommt herein).* Gott sei Dank. Endlich kommst du.

Toppo. Hättest du mir doch gesagt, dass ihr die Leiche im Schuppen abgelegt habt. Ich wäre nicht dorthin gegangen, um den Eimer zu holen, wenn ich das gewusst hätte.

Risto. War sie da? Nun ja, wo hätten wir sie sonst hinbringen sollen.

Toppo. Herrgott, war das schaurig! Ich gehe in eine dunkle Ecke und plötzlich liegt eine Leiche vor mir. Das Herz ist mir fast stehengeblieben, obwohl ich doch kein Feigling bin. Und die Augen standen noch offen, das war das Schlimmste von allem. Ja, wie sie mich angestarrt haben. Ich habe auch kein Wasser dabei. Also, seht mich nicht so an! Worin soll ich es bringen, wenn ich kein Gefäß finde. Uuuh, der Schreck sitzt mir noch in allen Gliedern! Es ist wirklich furchtbar, wenn die Augen einer Leiche offen bleiben. Sie ruft dann den nächsten zu sich, heißt es.

Lotterliese. Genau! Sie ruft die nächsten zu sich.

Toppo. Ach, die ist hier!

Risto. Du kamst als Retter in der Not! Sie wollte mich umbringen.

Lotterliese. Das will ich immer noch und tue es auch. *(Hebt den Revolver.)*

Risto. Toppo, Toppo, hilf!

Lotterliese. Wenn du dich einmischst, erschieße ich dich zuerst.

Toppo. O Gott, jetzt ist sie verrückt geworden. *(Flieht in Richtung Tür).*

Risto: Geh nicht weg, Toppo, geh nicht. Sie erschießt dich schon nicht.

Toppo: Das weiß man bei Verrückten nicht.

76

Lotterliese. Mach, dass du wegkommst, oder? *(Toppo eilt hinaus)*.

Lotterliese. Bist du bereit, Risto?

Risto (auf den Knien). Hab Erbarmen mit mir, Kerttu! Was nützt es, wenn du mich tötest? Hab Erbarmen!

Lotterliese. Hattest du Erbarmen mit mir, du Schuft? Du hast mich aufs neue hinterhältig betrogen und verführt, schlimmer denn je. Du dachtest: Das ist der Lauf der Welt, es gibt keine Strafe, wenn man sie ruiniert. Aber du hast dich geirrt! Dieses elende Wesen, dessen Partei niemand ergreift, rächt sich selbst an dir.

Risto. Räche dich auf andere Weise. Verschone nur mein Leben.

Lotterliese. Nein, ich muss dich töten. Und mich auch.

Risto. Gnade, Gnade!

Lotterliese. Weder für dich noch für mich.

Risto. Halt! Lass mich wenigstens vorher beten.

Lotterliese. Das ist zwecklos. Du kommst ebensowenig in den Himmel wie ich.

Risto. Natürlich komme ich in den Himmel, ich bin doch nicht schlechter als andere. Und von den Menschen wird nichts weiter verlangt, als dass sie gläubig sind. Und ich bin gläubig, wirklich gläubig. Ich komme mit Sicherheit in den Himmel, wenn du mir nur Zeit zum Beten lässt.

Lotterliese. Dann bete eben.

Risto. Du schießt nicht, bevor ich „Amen" gesagt habe?

Lotterliese. Fang an, sonst schieße ich gleich.

Risto. Ich fange ja schon an, ich fange ja schon an! Wenn ich mich nur an ein Gebet erinnern würde. Nein – es kommt mir keines in den Sinn. Ich Unglücklicher! – Warte, ich weiß es wieder: „Wenn alle Tage enden, lass mich in Frieden schlafen." Mir klappern die Zähne vor Angst. „Wenn alle Tage enden, lass mich in Frieden schlafen. Durch den Tod – " Bist du wirklich so hartherzig – nein, nein, ich mache ja schon weiter. „Durch den Tod verlasse ich die Welt, um in die heilige Schar zu gelangen –" Wie war es doch gleich – „In die heilige Schar –"

(In der Vorstube ertönt Gepolter, die Lotterliese fährt zusammen und schaut zur Tür, durch die zwei Polizisten mit Toppo

hereinkommen; sie schießt. Risto schreit auf und fällt. Ein Polizist reißt der Lotterliese den Revolver aus der Hand und nimmt sie fest. Die Lotterliese sinkt zu Boden.)

1. Polizist. Aha, Wolfjunges, nun sitzt du in der Falle.

Toppo. Wir sind zu spät gekommen, verflucht!

2. Polizist (bückt sich, um Risto in Augenschein zu nehmen): Keine Panik. Er lebt noch. Wo ist der Schuss hingegangen?

Risto. Ich weiß nicht recht.

2. Polizist. Versuch, ob du aufstehen kannst.

Risto (steht mit Hilfe des Polizisten auf). Vielleicht. Ich habe mich wohl nur erschreckt.

Toppo. Ist dir nichts passiert, Risto? Na, das ist ein verdammtes Glück!

Risto. Danke, Toppo. Das hast du nicht umsonst für mich getan.

Toppo. Nichts zu danken. In der Not hilft man einem Mann doch immer. Aber mit dem Mädchen stimmt etwas nicht. Eine so furchtbar behaarte Frau wie sie hat man noch nie gesehen. Ist bei dir auch noch Leben im ganzen Körper?

1. Polizist. Davon erholt er sich mit Sicherheit.

Risto. Dass sie Ihnen nur nicht entkommt. Halten Sie sie in Gewahrsam.

2. Polizist. Da besteht keine Gefahr. So ein übergeschnapptes Ding bringen wir immer zur Räson.

Risto. Aber sie hat die Kraft von neun Männern, wenn sie in Wut gerät.

1. Polizist. Wut hilft nicht, wenn es in den Bau geht. Dort legt man ihr stärkere Fesseln an.

Risto. Und wenn man sie freiläßt? Dann ist wieder mein Leben in Gefahr!

1. Polizist. Sie kommt nicht so bald wieder frei, keine Angst. Ich kenne die Gesetze gut. Erst wird sie für den Mordversuch zu vielen Jahren Gefängnis verurteilt, und dann zur Zwangsarbeit abkommandiert. So eine nimmt keiner in Schutz.

2. Polizist. Keiner! Der Staat kümmert sich fortan um sie.

Risto. Gut! Es ist doch ein Segen, dass in diesem Land Recht

78

und Gesetz herrschen, die die Sicherheit der Leute wahren. Wo kämen wir hin, wenn solche frei herumlaufen dürften! Aber wenn man sie in Gewahrsam nimmt – wenn Recht und Gesetz –

Toppo. Was redet sie da, hört nur!

1. Polizist. Das Mädchen? Sie hat nichts gesprochen–

Toppo. Sie sagte etwas, denn ihre Lippen haben sich bewegt. Seht ihr es nicht, schon wieder!

2. Polizist. Die Lippen bewegen sich, aber es kommt kein Ton heraus. Steh schon auf, Mädchen, ich habe nicht vor, dich zu tragen. Du bist sehr schwer. Nun, probier aus, ob dich deine Füße tragen.

1. Polizist. Und sprich deutlicher, wenn du etwas zu sagen hast.

Toppo. Ja, lass alles heraus, dass wir es auch hören. Erzähle dir nicht selber Unsinn.

Risto. Schnell, schnell!

Lotterliese. Euer Recht und Gesetz, ha, ha, ha, ha.

Toppo. „Euer Recht und Gesetz". Was meint sie?

Lotterliese. Darum mußte ich doch schießen.

Toppo. Sie ist wirr im Kopf. Hu, das ist allmählich unheimlich. Seht ihr, wie ihr die Augen im Kopf rollen?

1. Polizist. Jetzt scheint sie richtig verrückt zu sein. Aber war sie jemals ganz gescheit? (*packt die Lotterliese an der Schulter*).

Lotterliese. Euer Recht und Gesetz, ha, ha, ha, ha –

2. Polizist (*packt sie an der anderen Schulter*). Gehen wir endlich?

Lotterliese. Deshalb mußte ich doch schießen.

Risto. Sie ist verrückt. Was sonst. Eine wahnsinnige Heidin. In ihrem Wahn versucht sie auch noch, sich über das Recht zu erheben. Sie ist nicht umsonst Zigeunerin. Es ist angebracht, sie ins Zuchthaus zu stecken, weil sie Recht und Gesetz bedroht hat.

Lotterliese. Euer Recht und Gesetz –

Toppo. – ist doch genau richtig.

Risto. Natürlich.

Toppo. Sie hat es im Wahn getan, die Arme.

Lotterliese. Euer Recht und Gesetz, ha, ha, ha, ha –

1. Polizist. Gehen wir jetzt!

Lotterliese. Die müßte ich auch erschießen.

Risto. Darf ich die Herren in die Kneipe bitten, wenn ihr das Mädchen hinter Schloß und Riegel gebracht habt. Ich lade euch Sie ein zum Dank für Ihre Hilfe.

Polizisten. Vielen Dank. Natürlich kommen wir.

Lotterliese (in der Tür und dem Vorzimmer). Euer Recht und Gesetz, ha, ha, ha, ha!

Toppo. Das Mädchen ist ein armes Ding. Ihr ist es übel ergangen.

Risto. Selbst schuld. Sie hätte doch wie ein normaler Mensch leben können. Aber hör mal. Wie sehe ich jetzt eigentlich aus?

Toppo. Schrecklich.

Risto. Meine Augen scheinen verschmiert zu sein?

Toppo. Nun, das kann man sich ja denken, aber was macht das schon.

Risto. Nein, das geht nicht. Dann mag Vappu mich doch nicht. Warte einen Moment. Ich gehe zum Brunnen und wasche mich. (*Öffnet die Tür zum Vorzimmer, weicht aber im selben Augenblick zurück, als ihm Vappu entgegenkommt*).

Risto. He, da kommt Vappu ja schon!

Vappu. Guten Tag!

Risto. Tag, Tag. Ich war gerade auf dem Weg zu Ihnen. Setzen Sie sich bitte.

Vappu. Die kurze Zeit, die ich hier bin, kann ich auch stehen.

Risto. Aber nein, auf keinen Fall. Setzen Sie sich hierher. Ihr Platz ist nicht im Türrahmen.

Toppo. Vassakuu![14] Hier ist ein Stuhl.

Vappu. Ein Platz ist so gut wie der andere. Ich möchte ein paar Worte über Ihr Kind sagen.

Risto. So, über das Kind, natürlich. Ja, ja, ich ebenfalls.

Vappu. Darf ich es pflegen und großziehen wie mein eigenes?

Risto. Herrgott, da fragt sie noch. Was könnte ich Besseres wollen?

Vappu. So, mehr haben Sie zu dieser Sache nicht zu sagen?

Risto. Ich werde mich während seines ganzen Lebens nicht einmischen, das verspreche ich.

---

14 Schwed.: Bitte sehr!

Vappu. Gut! In diesem Fall nehme ich den Jungen und versuche mit Gottes Hilfe, einen Menschen aus ihm zu machen.

Risto. Aber ich habe noch etwas anderes zu besprechen. Nun setzen Sie sich aber. Nicht wahr? Nun, wie sie wünschen. Ja, ich habe noch eine andere Sache zu besprechen. Sie können es sich wohl beinahe denken. Sehen Sie: Ich bin zur Zeit Witwer. Es ist nicht gut, daß der Mensch allein ist, so steht es in der Heiligen Schrift. Wäre es nicht passend – aber es scheint Ihnen zu früh zu sein. Vielleicht wären Sie meinetwegen bereit, darüber zu sprechen.

Vappu. Reden Sie kein dummes Zeug. Mich verführen Sie nicht. Geben Sie sich damit zufrieden, dass Sie schon das Leben zweier Frauen zerstört haben! Das ist reichlich für einen einzigen Mann.

Risto. Das Leben zweier Frauen zerstört! Was soll das heißen?

Vappu. Ihre Frau starb an Kummer und Sorge – Ihretwegen.

Risto. Wer hat das gesagt?

Vappu. Das brauchte niemand zu sagen. Und in eine noch schlimmere Lage haben Sie das arme unglückliche Mädchen gebracht, mit dem die Polizei mir gerade entgegengekommen ist.

Risto. Ach, die Lotterliese? Seien Sie unbesorgt. Mit ihr wird nach Recht und Gesetz verfahren.

Vappu. Und wonach wird mit *Ihnen* verfahren?

Risto. Mit mir? Wofür könnte man mich zur Verantwortung ziehen?

Vappu. Für nichts, das ist doch klar. Für nichts! Die Welt ist für Sie da, sie bestraft Sie nicht, auch betrachtet sie Ihre Fehler nicht als Fehler. Auch die Pfarrer und Richter sind auf Ihrer Seite, weil die Sünde ihre Augen blendet. Die Diener des Lichts stellen ihre Macht in den Dienst der Dunkelheit. Aber das letzte Wort ist noch nicht gesprochen. Und so wahr der Herr einen Herrn hat und der Schwache Gott hat, so wahr ist auch, daß Sie und alle von Ihrem Schlag einmal vor dem Allmächtigen stehen werden, den die Menschen nicht nach Belieben über das Recht und die Wahrheit täuschen können. Dann endlich wird über Sie das Urteil gefällt.

Risto. Wo soll das sein, auf dem Thron?

Toppo. Ja, wo, das möchte ich auch wissen.

Vappu. Dort, wo die *Gerechtigkeit* lebt und regiert, jetzt und bis in alle Ewigkeit. (*Geht weg*).

Risto. Was hat sie gemeint?

Toppo. Sie wird doch nicht Gott gemeint haben? So habe ich das verstanden.

Risto. Das mag so sein. Nun, aber wird das jemand wirklich –? Nein, verdammt! Ich bin nicht erschrocken. Woher weiß Vappu diese Sache? Sie hat niemals von Gott gesprochen. Eben eine gewöhnliche Frau!

Toppo. Aber weißt du was, bei mir regt sich doch ein wenig Mitleid für dieses böse Mädchen.

Risto. Laß nur, Bruderherz. Fang nicht an, so ein Luder zu bedauern. Wer hat ihr befohlen, sich aufzumachen, um einen anderen zu töten, wer? So eine auch noch bemitleiden? Alles andere als das!

Toppo: Ja, du hast gut reden, aber, aber –

Risto. Aber was?

Toppo. Wenn du sie in andere Umstände gebracht hast? In einem solchen Zustand, sagt man, geraten manche Frauen völlig außer Fassung.

Risto. Pff, dummes Zeug! Lass uns in die Kneipe gehen. (*Sie gehen*).

(*Vorhang*)

Minna Canth

Ausgewählte Werke

HERAUSGEGEBEN VON NADINE ERLER

Band 1: Anna Liisa
Band 2: Arme Leute
Band 3: Die Familie des Pfarrers
Band 4: Die Frau des Arbeiters
Band 5: Hanna
Band 6: Sylvi
Band 7: Unglückskinder
Band 8: Agnes

im

VERLAG 28 EICHEN
BARNSTORF
D-49406 Barnstorf, Dreeke 80
www.spittel.de

Sir Arthur Conan Doyle

Ausgewählte Werke

HERAUSGEGEBEN VON OLAF R. SPITTEL

Band 1: Das Geheimnis von Cloomber
Band 2: Ein gefährlicher Ausflug
Band 3: Im Giftstrom
Band 4: Die Abenteuer des Louis de Laval
Band 5: Mammon & Co.
Band 6: Die verlorene Welt
Band 7: Der Parasit
Band 8: Geschichten am Kamin
Band 9: Die Abenteuer des Brigadier Gérard, 1
Band 10: Die Abenteuer des Brigadier Gérard, 2
Band 11: Die grüne Flagge
Band 12: Mein Freund der Mörder
Band 13: Die Réfugiés
Band 14: Die Abenteuer des Micha Clarke
Band 15: Ein Duett

im

VERLAG 28 EICHEN
BARNSTORF
D-49406 Barnstorf, Dreeke 80
www.spittel.de

edition **+ plus**